Ich höre
das Herz des Himmels

Ich höre
das Herz des Himmels

Moderne Psalmen

Herausgegeben
von Paul Konrad Kurz

Patmos

Die Deutsche Bibliothek verzeichnet diese Publikation
in der Deutschen Nationalbibliografie; detaillierte bibliografische Daten
sind im Internet über http://dnb.ddb.de abrufbar.

Umschlaggestaltung: dyadesign, Volker Schächtele, Düsseldorf
Umschlagfoto: Julia Graff
Druck und Einband: Clausen & Bosse, Leck
ISBN 3-491-45024-1
www.patmos.de

INHALTSVERZEICHNIS

RAINER MARIA RILKE

Die Dichter haben dich verstreut
(es ging ein Sturm durch alles Stammeln),
ich aber will dich wieder sammeln
in dem Gefäß, das dich erfreut.

Ich wanderte in vielem Winde;
da triebst du tausendmal darin.
Ich bringe alles was ich finde:
als Becher brauchte dich der Blinde,
sehr tief verbarg dich das Gesinde,
der Bettler aber hielt dich hin;
und manchmal war bei einem Kinde
ein großes Stück von deinem Sinn.

Du siehst, daß ich ein Sucher bin.

Einer, der hinter seinen Händen
verborgen geht und wie ein Hirt;
(mögst du den Blick der ihn beirrt,
den Blick der Fremden von ihm wenden).
Einer der träumt, dich zu vollenden
und: daß er sich vollenden wird.

RAINER MARIA RILKE

Du bist so groß, daß ich schon nicht mehr bin,
wenn ich mich nur in deine Nähe stelle.
Du bist so dunkel; meine kleine Helle
an deinem Saum hat keinen Sinn.
Dein Wille geht wie eine Welle
und jeder Tag ertrinkt darin.

Nur meine Sehnsucht ragt dir bis ans Kinn
und steht vor dir wie aller Engel größter:
ein fremder, bleicher und noch unerlöster,
und hält dir seine Flügel hin.

Er will nicht mehr den uferlosen Flug,
an dem die Monde blaß vorüberschwammen;
und von den Welten weiß er längst genug.
Mit seinen Flügeln will er wie mit Flammen
vor deinem schattigen Gesichte stehn
und will bei ihrem weißen Scheine sehn,
ob deine grauen Brauen ihn verdammen.

RAINER MARIA RILKE

Ich bete wieder, du Erlauchter,
du hörst mich wieder durch den Wind,
weil meine Tiefen niegebrauchter
rauschender Worte mächtig sind.

Ich war zerstreut; an Widersacher
in Stücken war verteilt mein Ich.
O Gott, mich lachten alle Lacher,
und alle Trinker tranken mich.

In Höfen hab ich mich gesammelt
aus Abfall und aus altem Glas,
mit halbem Mund dich angestammelt,
dich, Ewiger aus Ebenmaß.
Wie hob ich meine halben Hände
zu dir in namenlosem Flehn,
daß ich die Augen wiederfände,
mit denen ich dich angesehn.

Ich war ein Haus nach einem Brand,
darin nur Mörder manchmal schlafen,
eh ihre hungerigen Strafen
sie weiterjagen in das Land;
ich war wie eine Stadt am Meer,
wenn eine Seuche sie bedrängte,
die sich wie eine Leiche schwer
den Kindern an die Hände hängte.

Ich war mir fremd wie irgendwer,
und wußte nur von ihm, daß er
einst meine junge Mutter kränkte,
als sie mich trug,
und daß ihr Herz, das eingeengte,
sehr schmerzhaft an mein Keimen schlug.

Jetzt bin ich wieder aufgebaut
aus allen Stücken meiner Schande,
und sehne mich nach einem Bande,
nach einem einigen Verstande,
der mich wie *ein* Ding überschaut, –
nach deines Herzens großen Händen –
(o kämen sie doch auf mich zu).
Ich zähle mich, mein Gott, und du,
du hast das Recht, mich zu verschwenden.

ELSE LASKER-SCHÜLER

Gott hör…

Um meine Augen zieht die Nacht sich
Wie ein Ring zusammen.
Mein Puls verwandelte das Blut in Flammen
Und doch war alles grau und kalt um mich.

O Gott und bei lebendigem Tage,
Träum ich vom Tod.
Im Wasser trink ich ihn und würge ihn im Brot.
Für meine Traurigkeit fehlt jedes Maß auf deiner Waage.

Gott hör, in deiner blauen Lieblingsfarbe
Sang ich das Lied von deines Himmels Dach.
Und würde doch für deinen ewigen Hauch zu wach.
Mein Herz schämt sich vor dir fast seiner tauben Narbe.

Wo ende ich, O Gott, denn in die Sterne,
Auch in den Mond sah ich, in alle deiner Früchte Tal.
Der rote Wein wird schon in seiner Beere schal.
Und überall die Bitternis in jedem Kerne.

ELSE LASKER-SCHÜLER

Zebaoth

Gott, ich liebe dich in deinem Rosenkleide,
Wenn du aus deinen Gärten trittst, Zebaoth,
O, du Gottjüngling.
Du Dichter,
Ich trinke einsam von deinen Düften.

Meine erste Blüte Blut sehnte sich nach dir,
So komme doch,
Du süßer Gott,
Du Gespiele Gott,
Deines Tores Gold schmilzt an meiner Sehnsucht.

ELSE LASKER-SCHÜLER

An Gott

Du wehrst den guten und den bösen Sternen nicht;
All ihre Launen strömen.
In meiner Stirne schmerzt die Furche,
Die tiefe Krone mit dem düsteren Licht.

Und meine Welt ist still –
Du wehrtest meiner Laune nicht.
Gott, wo bist du?

Ich möchte nah an deinem Herzen lauschen,
Mit deiner fernsten Nähe mich vertauschen,
Wenn goldverklärt in deinem Reich
Aus tausendseligem Licht,
Alle die guten und die bösen Brunnen rauschen.

GEORG TRAKL

De profundis

Es ist ein Stoppelfeld, in das ein schwarzer Regen fällt.
Es ist ein brauner Baum, der einsam dasteht.
Es ist ein Zischelwind, der leere Hütten umkreist.
Wie traurig dieser Abend.

Am Weiler vorbei
Sammelt die sanfte Waise noch spärliche Ähren ein.
Ihre Augen weiden rund und goldig in der Dämmerung
Und ihr Schoß harrt des himmlischen Bräutigams.

Bei der Heimkehr
Fanden die Hirten den süßen Leib
Verwest im Dornenbusch.

Ein Schatten bin ich ferne finsteren Dörfern.
Gottes Schweigen
Trank ich aus dem Brunnen des Hains.

Auf meine Stirne tritt kaltes Metall
Spinnen suchen mein Herz.
Es ist ein Licht, das in meinem Mund erlöscht.

Nachts fand ich mich auf einer Heide,
Starrend von Unrat und Staub der Sterne.
Im Haselgebüsch
Klangen wieder kristallne Engel.

HERMANN HESSE

Der Einsame an Gott

Einsam steh ich, vom Wind gezerrt,
Ungeliebt und verlassen
In der feindlichen Nacht.
Schwer ist mein Gemüt und voll Bitterkeit,
Wenn ich Deiner gedenke,
Blinder Gott, der voll Grausamkeit
Immer das Unbegreifliche tut.
Warum lässest Du, wenn Du die Macht hast,
Warum lässest Du Hunde und Säue
Eines Glückes genießen, das nie
Dem verschmachtenden Edleren wird?
Warum peitschest Du mich, der Dich liebte,
Jagst mich allein durch die Nacht,
Warum raubst Du mir alles,
Was Du doch jedem Erbärmlichen gönnst?
Selten hab ich geklagt, und seltner
Dir im Unmut geflucht,
Jahrelang in gläubiger Priesterschaft
Lebte ich Dir, nannte Dich Herr und Gott,
Sah in Dir meines Daseins Krone und Sinn;
Immer ging ich, ob auch im Dunkeln oft,
Tastend dem Guten nach, immer war Liebe,
Immer Güte und Reinheit mein hohes Ziel.
Dennoch hast Du, der meinen Feinden schmeichelt,
Niemals mir einen einzigen Traum,
Eine einzige Bitte erfüllt!
Niemals kannt ich andres als Kampf und Arbeit,
Während drüben im Hause der Fröhlichen
Laute und Tanz und süßer Gesang erscholl.
O und wie hast Du, mein Peiniger,
Wenn ich einmal in blinder Hoffnung

Zärtlicher Liebe mein Herz voll Vertrauen bot,
Wie hast Du mit Spott und Verachtung mich überschüttet,
Daß ich grimmig entfloh, vom Gelächter der Frauen
    verfolgt!
Einsam nun und ohne Glauben an Glück,
Schlaflos bei Nacht und am Tage des Zweifels Raub
Geh ich gottlos durch diese Welt,
Mir zur Qual und Dir zu trauriger Schande.
Trotzdem, o Gott, wenn auch Dein Finger tief
Und voll blinder Wollust in meiner Wunde wühlt,
Trotzdem sollst Du mich nicht verzagen,
Nicht im Staube knieen und weinen sehn.
Denn Dein heimlichster Wunsch, Grausamer,
Tönt ja doch unbesiegbar im Herzen mir,
Und das Leben zu lieben,
Und das sinnlose Leben wild und sinnlos zu lieben
Hab ich in aller Verfolgung,
Aller Versuchung niemals völlig verlernt.
Dich auch und Deine launischen Wege
Liebt mein Herz, indem es Dich trotzend höhnt.
Ja, ich liebe Dich, Gott, und ich liebe
Heiß die verworrene Welt, die Du schlecht regierst.
... Horch! Von drüben, wo die Fröhlichen sind,
Weht mir Lied und Gelächter,
Weiberschrei und silbernes Bechergeläut.
Aber mit tieferer Wollust,
Süßer und trunkener glüht als diesen Genügsamen
Mir die Liebe zum Leben
In der glücklos hungernden Brust.
Und ich schüttle zornig
Aus den schlaflosen Augen die Müdigkeit,
Trinke Nacht und Wind, Sternschein und Wolkengebirg
Gierig mit atmenden Sinnen
In die unersättliche Seele ein.

HERMANN HESSE

Gebet

Laß mich verzweifeln, Gott, an mir,
Doch nicht an dir!
Laß mich des Irrens ganzen Jammer schmecken,
Laß alles Leides Flammen an mir lecken,
Laß mich erleiden alle Schmach,
Hilf nicht mich erhalten,
Hilf nicht mich entfalten!
Doch wenn mir alles Ich zerbrach,
Dann zeige mir,
Daß du es warst,
Daß du die Flammen und das Leid gebarst,
Denn gern will ich verderben,
Will gerne sterben,
Doch sterben kann ich nur in dir.

GERTRUD KOLMAR

Gebet

Du wunderbare Nacht! Du weise Nacht!
Du weißt die Antwort auf der Seele Fragen,
Da du den Himmel vor mir aufgeschlagen,
Ein schwarzes Riesenbuch mit Silberlettern.
Welch seltsam ferne Hand mag es durchblättern?
Wer ahnt das Haupt, das seine Schrift erdacht?

Drei strahlend klare Worte kann ich lesen:
O Schlaf, der du die Herzen heilst von Pein,
Ein Arzt, der alle Kranken läßt genesen;
Dich, Liebe, krönt die Nacht mit Mondenschein,
Dir macht die Schenke sie zum Heiligtume;
Traum! Wurzellose Paradiesesblume,
Die immer neu vor uns sich kann entfalten
Und deren süßen Duft wir in uns saugen,
Doch die wir nie in Händen noch gehalten
Und nie geschaut mit unsern ird'schen Augen.

Gib Schlaf und einen Traum von Liebe mir,
Du Herr der Welt! – O nein, du bist viel mehr! –
Du Herr der tausend Welten, die wir kennen,
Du Herr der tausend, die wir noch nicht nennen,
Herr, über Menschendenken groß und hehr,
Der Wunder aller, die auf Erden hier,
Froh eignen Könnens, Menschengeist entdeckt,
Weil deine Hand sie gnädig ihm enthüllet,
Die Hand, die uns mit finstrem Unheil schreckt
Und uns zugleich den Freudenbecher füllet.

Wie ruf ich dich?
                    Der Name, den die Lippe
Dir täglich, stündlich gibt, ist deiner nicht;
Das Sterbliche ist alles eine Sippe,
Dir aber gleicht kein sterbliches Gesicht.
Dein Sein kann keine unsrer Sprachen fassen,
Das Wort, das es erschöpft, bleibt stets uns fremd;
Wir müssen's, dich zu nennen, ewig lassen,
Weil deine Größe unsre Zunge hemmt.

Ja, du bist Alles: Schönheit, Macht und Güte –
Und deine Augen leuchten immerdar
Im Blau des Himmels, in der Pflanzen Blüte,
Im Rund der Seen, in der Sterne Schar.
Du kennst den Glauben nur, nicht Religionen,
Des Heiden Huld'gung selbst ist dir geweiht;
In dir muß alles, alles Höchste thronen,
Weil jedes Herz dir neue Tugend leiht.
Du schirmst auch sie, die nicht dein Sein begehren;
Kein Herrscher bist du, der voll Zorn und Leid
Die Untertanen straft, die ihn nicht ehren –
Das tut nur irdische Gerechtigkeit!
Die duftdurchwehte Dämmrung deiner Tempel,
Der Dörfer reine Luft, der Städte Ruß,
Dir sind sie gleich; es prägt dein heil'ger Stempel
Zu deinem Dienste Mühsal und Genuß.
Der Kirche Weihrauch strebt zu dir empor,
Und aus der Arbeitsstätte Schornsteinrohr
Steigt himmelwärts der trübe, graue Dust.
Der Freuden toller Lärm, was ist er mehr
Als nur ein einz'ger Hymnus, dir zur Ehr;
Ist dein nicht alles Schöne in der Lust?
Und daß wir stolz auf vieles, was uns schmückt,
Froh über alles sind, was uns beglückt,
Daß deine Größe uns nicht ganz erdrückt,

Drum ließest lächelnd du den Feind dir schenken,
Das Böse einst, den Teufel uns erdenken,
Der oft muß tragen unsrer Sünden Last,
Daß drunter nicht der Mensch zusammenbreche;
Ein Spottbild ist's, das du verziehn uns hast:
Das Böse, Teuflische, was je uns faßt,
Es ist doch weiter nichts als – Menschenschwäche.

Nur unsre Schwäche ist der Keim der Sünden,
Sie trennt uns heut und ewiglich von dir;
Du gabst sie uns. Warum? Das können wir,
Das sollen wir auch nimmerdar ergründen.
So stark ist keiner, daß er gänzlich gut,
Durchs rohste Herz klingt eine feinre Saite,
Den Feigling ehrt die Scheu vor Brudersblut,
Den Räuber ziert sein wilder Mut im Streite:
Was wir als Güte hier und Bosheit sehn,
Das wird vor dir als eine Schwäche stehn.

Nicht sprech ich mehr. Laß, Herr, mein Herz dich bitten!
Wohl mag mein Wunsch den Menschen Sünde sein;
Er überragt ja ihre engen Sitten –
Und ist er, Größter, nicht für dich zu klein?
Zuckt unser Aug nicht bei des deinen Blitzen,
Wenn Feuer speit des Himmels Riesenmund?
Du schleuderst talwärts stolze Felsenspitzen,
Und Sterne wirfst du auf der Erde Grund.
Nur du vereinst das Große mit dem Kleinen:
Du läßt heut nacht den Weltball uns erscheinen,
Den jetzt kein menschlich Wesen mehr bewohnt –
Dies Wissen ist's, das Forscherarbeit lohnt –
Und schenkst den Kindern, die im Dunkeln weinen,
Solch einen schönen, blanken, runden Mond.

KURT TUCHOLSKY

Gebet nach dem Schlachten

Kopf ab zum Gebet!

Herrgott! Wir alten vermoderten Knochen
sind aus den Kalkgräbern noch einmal hervorgekrochen.
Wir treten zum Beten vor dich und bleiben nicht stumm.
Und fragen dich, Gott:
            Warum –?

Warum haben wir unser rotes Herzblut dahingegeben?
Bei unserm Kaiser blieben alle sechs am Leben.
Wir haben einmal geglaubt ... Wir waren schön dumm ...!
Uns haben die besoffen gemacht...
            Warum?

Einer hat noch sechs Monate im Lazarett geschrien.
Erst das Dörrgemüse und zwei Stabsärzte erledigten ihn.
Einer wurde blind und nahm heimlich Opium.
Drei von uns haben zusammen nur einen Arm...
            Warum –?

Wir haben Glauben, Krieg, Leben und alles verloren.
Uns trieben sie hinein wie im Kino die Gladiatoren.
Wir hatten das allerbeste Publikum.
Das starb aber nicht mit...
            Warum –? Warum –?

Herrgott!
        Wenn du wirklich der bist, als den wir dich lernten:
Steig herunter von deinem Himmel, dem besternten!
Fahr hernieder oder schick deinen Sohn!
Reiß ab die Fahnen, die Helme, die Ordensdekoration!

23

Verkünde den Staaten der Erde, wie wir gelitten,
wie uns Hunger, Läuse, Schrapnells und Lügen den Leib
    zerschnitten!
Feldprediger haben uns in deinem Namen zu Grabe
    getragen.
Erkläre, daß sie gelogen haben! Läßt du dir das sagen?
Jag uns zurück in unsre Gräber, aber antworte zuvor!
Soweit wir das noch können, knien wir vor dir – aber leih
    uns dein Ohr!
Wenn unser Sterben nicht völlig sinnlos war,
verhüte wie 1914 ein Jahr!
Sag es den Menschen! Treib sie zur Desertion!
Wir stehen vor dir: ein Totenbataillon.
Dies blieb uns: zu dir kommen und beten!
    Weggetreten!

FRANZ WERFEL

Aus meiner Tiefe

Aus meinen Tiefen rief ich dich an.
Denn siehe, plötzlich war der metallische Geschmack
    des ganzen Irrtums auf meiner Zunge.
Ich schmeckte über alles Denken Erkenntnis.
Ich fühlte gleiten das böse Öl, womit ich geheizt bin.

Süßliche Müdigkeit spielte in meinen Knochen,
Ich war zur Geige worden des ganzen Irrtums.
Ich fühlte meine Schwingungen auf einem fernsten
    Traumkap,
Und wollte auf, mich wehren, mich gewinnen, wahren …
Doch sank ich hin, gespenstisch
Gelähmt in träge pochende Verzweiflung.

Aus meinen Tiefen rief ich dich an.
Ich rief wie aus versunkenen Fiebern tretend: Wo bin ich?
Tieftaumelnd stand ich in schwankender Landschaft, im
    Schwindel geheimer Erdbeben, und rief: Wo bin ich?
Ich erkannte die Welt: Sie hing an einem letzten zuckenden
    Nerv.
Ich sah den Todesschweiß der Dinge. Sie schlugen um sich
    in eckiger Agonie.
Aber wie edle Kinder, die das Weinen bekämpfen, lächelten
    sie demütig von unten empor.
Da fuhr ich aus meiner Einsamkeit,
Da fuhr ich aus Krampf und Kammer,
Da drang ich ein in die Säle. Sie rauschten wie der Grund
    städteteilender Ströme.
Über mich schlug das Scheppern der Teller, Getümmel
    der Stimmen, der Schritte Trommel-Verrat und
    Schreibmaschinen-Geläut.

Ich rief dich an aus meinen Tiefen.
Aber mein Antlitz trug sein Grinsen umher.
Mit der rechten Hand strich ich den Kitt meines Lächelns
    zurecht.
Und alle taten so.
Wir saßen zueinander, doch jeder gerichtet in anderen
    Winkel.
Mit beiden Händen bedeckten wir eine Stelle unserer
    Anwesenheit, der wir nicht trauten.
Wir redeten lange Streifen von Worten ...
Die aber waren geboren am Gaumen,
Und nicht gelangen uns Frohsinn und Schmerz,
Wie unsere Gurgel log.

Aus meinen Tiefen rief ich: »Wo bin ich, wo sind wir?«
Umstellt von Unabänderlichkeit, verstoßen in
    erbarmungslose Gelächter, verschlagen aufs Eiland
    schiffsbrüchiger Kartenspieler!
Unsere Ruhe ist Tod,
Unsere Erregung Fäulnis!
Wir sind gebeizt, gesalzen, geräuchert von böser
    Entwöhnung!
Verlernt ist der Ursprung,
Verlernt der ruhende Blick,
Verlernt das Daliegen in den Himmel!
Aus meiner Tiefe rief ich dich an,
Denn hier rettet kein Wille mehr, hier rettet nur Wunder.
Tu Wunder!

FRANZ WERFEL

Warum mein Gott

Was schufst du mich, mein Herr und Gott,
Der ich aufging, unwissend Kerzenlicht,
Und da bin jetzt im Winde meiner Schuld,
Was schufst du mich, mein Herr und Gott,
Zur Eitelkeit des Worts,
Und daß ich dies füge,
Und trage vermessenen Stolz,
Und in der Ferne meiner selbst
Die Einsamkeit?!
Was schufst du mich zu dem, mein Herr und Gott?

Warum, warum nicht gabst du mir
Zwei Hände voll Hilfe,
Und Augen, waltend Doppelgestirn des Trostes?
Und eine Stimm' aprilen, regnend Musik der Güte,
Und Stirne überhangen
Von süßer Lampe der Demut?
Und einen Schritt durch tausend Straßen,
Am Abend zu tragen alle
Glocken der Erde
Ins Herz, ins Herz des Leidens ewiglich?!

Siehe, es fiebern
So viele Kindlein jetzt im Abendbett,
Und Niobe ist Stein und kann nicht weinen.
Und dunkler Sünder starrt
In seines Himmels Ausgemessenheit.
Und jede Seele fällt zur Nacht
Vom Baum, ein Blatt im Herbst des Traumes.
Und alle drängen sich um eine Wärme,
Weil Winter ist
Und warme Schmerzenszeit.

Warum, mein Herr und Gott, schufst du mich nicht
Zu deinem Seraph, goldigen, willkommenen,
Der Hände Kristall auf Fieber zu legen,
Zu gehn durch Türenseufzer ein und aus?!
Gegrüßet und geheißen:
Schlaf, Träne, Stube, Kuß, Gemeinschaft, Kindheit,
    mütterlich?!
Und daß ich raste auf den Ofenbänken,
Und Zuspruch bin, und Balsam deines Hauses,
Nur Flug und Botengang, und mein nichts weiß,
Und im Gelock den Frühtau Deines Angesichts!

OSKAR LOERKE

Gebetsfrage

Warum hast du uns zugedacht
Ein Geistesfeuer, Vater,
Um das dein böser Feind sich müht
Und Pfähle für das Fleisch uns glüht,
Eh wir uns strecken in die tiefe Nacht?

Von deinem Atem duftet warm
Die alte Tanne, Vater.
Und wenn an ihrem Fuß die Säge
Schon zischt, noch rauscht der Wipfel träge,
Eh er ins Nichtsein zuckt – ein Rabenschwarm.

Um Kälber hab ich oft geweint,
Die wir dir stahlen, Vater.
Ihr Fuß hüpft heute aus der Hütte,
Ihr Blut hüpft morgen in die Bütte.
Du strafst uns nicht. Ist denn dein Herz versteint?

Dein Wohnsitz schweigt. Du hast genug gelehrt.
Wir konnten selten, Vater,
Die Schriften deines Griffels lesen,
Sind deine Kinder nie gewesen.
Dein Feuer hat uns Glück und Glied verzehrt.

AUCH ICH lustwandelte mit einem Gaste.
Er war verborgen, doch nicht fremd.
Nun glühte meine Achsel durch das Hemd.
»Verzeih, wenn ich nach deiner Schulter taste.

Laß uns ein wenig in der Sonne bleiben!«
Es war, als ob er niedersitze,
Mit eines Zittergrashalms Spitze
Auf heiße Kalksteintafel aufzuschreiben:

»Was hülft es dir, wenn du die Welt gewönnest
Und nähmest Schaden« – hieß es Wort um Wort –
»An deiner Seele. – Wenn du heut begönnest
Und wüschest tausend Jahr, das wüschest du nicht fort.«

Dann hielt er ein und schrieb nicht mehr.
»Sieh, über uns das blaue Herz ist offen.
Sind alle Qualen darin eingetroffen,
Das blaue Herz bleibt qualenleer.«

RUDOLF ALEXANDER SCHRÖDER

Der fünfundfünfzigste Psalm

Hilf, Herr, und laß mich nicht vergehen,
Vernimm mein Weinen und mein Flehen
    Im Jammer, der mich überkam.
Der eine drängt mich sonder Gnaden,
Des andern Tücke will mir schaden,
    Sie sind mir alle heftig gram.

Ich weiß nicht, wo ich weil und bleibe,
Mein Herz hat Furcht in meinem Leibe,
    Des Todes Angst ist über mir;
Das Zittern hat mich angefallen:
Erhöre mein Gebet und Lallen,
    Verbirg dich nicht, ich rufe dir.

Ich sprach: O daß ich Flügel hätte,
Ich flög an eine wüste Stätte,
    In Örter, die von Menschen leer.
Hätt ich den wüsten Ort gewonnen,
Ich wäre vor dem Sturm entronnen,
    Das Wetter schreckte mich nicht mehr.

Verwirre bald die falschen Zungen,
Und mach ein End der Lästerungen,
    Die Stadt ward ihres Haders Haus.
Das Schadentum ist Meister drinnen,
Und Lug und Trug und falsche Sinnen
    Gehn zu den Toren ein und aus.

Wohl wollt ich minder mich beschweren,
Wenn's meine Feind und Hasser wären,
    Die mich geschmäht und mir geflucht.
Nicht Fremde sind's, nicht Unbekannte,
Sind meine Brüder, sind Verwandte,
    Die mit mir Gottes Haus besucht.

Nimm sie hinweg aus unsrer Mitten!
Ich will den Herren täglich bitten;
    Im Abend halle mein Geschrei,
Ich will den Mittag über klagen,
Will morgens ihn um Hilfe fragen,
    Er hört mich an, er kauft mich frei.

Ob Öl aus ihrem Mund geflossen,
Die Worte sind's, die nach mir stoßen
    Und schlagen wie das nackte Schwert.
Wirf auf den Herren, was dich kränket,
Der dich versorgt, der dein gedenket
    Und dem Gerechten Ruh gewährt.

REINHOLD SCHNEIDER

So nimm mein Leben, Herr, und laß das Deine
In mir, eh diese Zeit verweht, beginnen,
Daß unverlöschbar mir ein Licht von innen
Den Weg erhellt mit heiligem Widerscheine.

Was bin ich noch? Es will in mir das Reine,
Das Du gestiftet, stille Macht gewinnen,
Ich fühl' das Leben sinken und zerrinnen,
Und leise übermächtigst Du das Meine.

Ich bin nichts mehr; ich trage durch die Zeit
Den Hall der Worte, die Dein Mund gesprochen,
Von heiligem Traum für alle Zeit umfangen;

Es sinkt die Welt in Deine Wirklichkeit;
Hat nur das Herz der Bilder Macht gebrochen,
So sind sie bald in Deinem Bild vergangen.

JESSE THOOR

Rede in einem Gefängnis

Oh mein Gott: – wie kommt es, daß ich verzagt bin in
meinem Herzen?
Oh mein Herr, ganz verloren bin ich. – Mein Lachen
erschreckt mich.
Wie nur kommt es? – Weine ich, so schäme ich mich meiner
Tränen.
Oh gib, daß ich standhaft bleibe ... denn ich bin auf dem
Wege zu dir.

Der ich wieder singe deinen Gesang: – Tantum ergo
Sacramentum!
Ohne deine Liebe ist der Mensch nichts, er ist hilflos und
schwach.
Durch seinen Leib fährt Dunkelheit ... und seine Seele irrt
umher.
Und seine Gedanken wirft über alles Wissen weit hinaus
nicht einer.

Weil wir doch alle von dieser Erde sind ... und im Fleische
befangen.
Weil uns alle das Fell kitzelt, genau so wie uns die Wolle
juckt.
Der Übermut und die Anmaßung listig aus den Augen
herausschaut.

Wie dem – der uns belauert und verpfiffen und endlich
gefaßt hat.
Und dem – der uns bewacht ... und der uns besonders gern
anschreit.
Und dem – der uns oft eine runterhaut ... – Der Sicherheit
wegen.

FRIEDERIKE MAYRÖCKER

Rhapsodie

Ich lasse Dich nicht Du segnest mich denn
Ich lobpreise ich lobsinge
Ich lobe Dich in Deinen Monden in Deinen
schmalen wiegenden messingfarbenen Monden
die meine Nacht klar machen
Ich lobe Dich ich preise Dich in Deinen
Sonnen die übereinanderwogen in Deinen
dürstenden Horizonten
Ich preise Dich in Deinen Wiesen in Deinen
süßen unberührten wehenden Wiesen in Deinen
purpurnen Augustwiesen
Ich lobsinge Dir in Deinem flammenden Wald
in Deinem Wald über ihm die wandernden
leichten damastenen Wolken
Ich bete Dich an in allen Deinen Geschöpfen
in Deinen flüchtigen hellen ängstlichen blinden
einsamen holden Geschöpfen

SILJA WALTER

Zerstreuung II

Mein Gott stellt Gegenden
her
Gegend um Gegend
um mich
wo ich nur hinseh
bloß Gegend
und Gegend
auf Erden

ach mein Geliebter
nirgends ein Ort
auf der Welt
ohne Gegend
um mich

ich werde aber
heut nacht
ich weiß nicht
was tun
damit du herauskommst
und Gegend
um Gegend ergreifst
und sie in den Fluß
wirfst
die ganze Welt
samt dem Mond
in den Fluß
vor dem Haus
und mich offen ansiehst
von Ewigkeit
zu Ewigkeit
Amen

SILJA WALTER

Credo

Ich glaube an Gott
aber ich weiß nicht
glaubst
du Geliebter
ich glaube an dich
sprechen wir nicht mehr
davon
aber wie ist es denn
wer dringt denn
durch meine Latten
herein
lichtflüssiges
Gottesnichts
über die Herdasche her
worinnen ich liege
wer ist denn das
wer anders

Glauben
sprechen wir nicht mehr
davon
gestehe es
mein Erlöser
du nahmst mich
mitsamt meiner Hütte
mit
nach Hause
Amen

SILJA WALTER

Nie war einer allein vor dir

Nie war einer allein vor dir.
Wir aßen schon vom Totenbaum
zu zweit.
Wir wurden alle vertrieben
und rannten zusammen hinaus.

Es ging auch nicht einer allein
unter,
als die Flut kam.
Gleich eine ganze Verwandtschaft
hast du auf das Schiff gebracht,
das unter dem Regenbogen
durchfahren durfte.

Ich meine,
Herr,
wir waren alle schon von Anfang an
beisammen,
und du siehst nie einen an,
ohne uns alle zu sehen
mit ihm.

Es marschierte auch nicht nur einer
mit der Teigschüssel auf dem Kopf
in die Wüste,
und keiner ging für sich allein
zu Fuß durch das Rote Meer.

Du gabst auch keinem
ganz privat
dein Gesetz
am Bundesberg.
Die Hochzeit war mit der ganzen
Gemeinde,
als Braut.
Unter Feuerregen und Donner,
du erinnerst dich.

Es blies auch keiner allein die
Stadtmauern von Jericho
um.
Man sollte klar sehen.
Wir waren schon immer zusammen
unterwegs
hinter der Leuchtsäule her
in die neue Hochzeit
auf Golgotha.

Da waren wir wieder alle die Braut,
unterm Feuerzungenregen und Sturm
deines Geistes.
Und da wurden wir endlich,
was wir immer schon waren.
Seither bleiben wir,
zusammen mit dir,
Herr,
deine Kirche.

Amen.

ARNOLD SCHÖNBERG

Psalm No. 1

O, du mein Gott: alle Völker preisen dich
und versichern dich ihrer Ergebenheit.
Was aber kann es dir bedeuten,
ob ich das auch tue oder nicht?
Wer bin ich, daß ich glauben soll,
mein Gebet sei eine Notwendigkeit?
Wenn ich Gott sage, weiß ich, daß ich damit von dem
    Einzigen, Ewigen,
Allmächtigen, Allwissenden und Unvorstellbaren spreche,
von dem ich mir ein Bild weder machen kann noch soll.
An den ich keinen Anspruch erheben darf oder kann,
der mein heißestes Gebet erfüllen
oder nicht beachten wird.

Und trotzdem bete ich,
wie alles Lebende betet;
trotzdem erbitte ich Gnaden und Wunder;
Erfüllungen.
Trotzdem bete ich,
denn ich will nicht des beseligenden Gefühls der Einigkeit,
der Vereinigung mit dir,
verlustig werden.

O du mein Gott,
deine Gnade hat uns das Gebet gelassen,
als eine Verbindung, eine beseligende Verbindung mit Dir.
Als eine Seligkeit, die uns mehr gibt,
als jede Erfüllung.

ARNOLD SCHÖNBERG

Ein moderner Psalm No. 2

Menschen bauen jetzt Maschinen, die in Stunden,
Minuten oder sogar in Sekunden ausrechnen können, wozu
eines normalen Mannes Hirn Jahre, Monate oder
Wochen brauchte. Wir sollen uns Gott nicht vorzu-
stellen versuchen, weil das den Begriff begrenzt, den wir
von ihm besitzen könnten.

    Trotzdem aber sollten wir voraussetzen,
daß Gottes Macht zu den Größen, die wir
erfassen können, sich doch mindestens so verhält wie die der Maschinen sich zu
uns verhält.

    Das aber heißt, wir haben die Hoffnung,
daß Gott unser Gebet wahrnimmt.

    Wie und warum er dann auf die eine
oder die andere Art über uns entscheidet,
bleibt ein wohl unlösbares Geheimnis.

    Aber wir haben eine Hoffnung bemerkt
zu werden, wenn wir beten. Wir haben immer
zu beten.

INGEBORG BACHMANN

Psalm

I
Schweigt mit mir, wie alle Glocken schweigen!

In der Nachgeburt der Schrecken
sucht das Geschmeiß nach neuer Nahrung.
Zur Ansicht hängt karfreitags eine Hand
am Firmament, zwei Finger fehlen ihr,
sie kann nicht schwören, daß alles,
alles nicht gewesen sei und nichts
sein wird. Sie taucht ins Wolkenrot,
entrückt die neuen Mörder
und geht frei.

Nachts auf dieser Erde
in Fenster greifen, die Linnen zurückschlagen,
daß der Kranken Heimlichkeit bloßliegt,
ein Geschwür voll Nahrung, unendliche Schmerzen
für jeden Geschmack.

Die Metzger halten, behandschuht,
den Atem der Entblößten an,
der Mond in der Tür fällt zu Boden,
laß die Scherben liegen, den Henkel ...

Alles war gerichtet für die letzte Ölung.
(Das Sakrament kann nicht vollzogen werden.)

2
Wie eitel alles ist.
Wälze eine Stadt heran,
erhebe dich aus dem Staub dieser Stadt,
übernimm ein Amt
und verstelle dich,
um der Bloßstellung zu entgehen.

Löse die Versprechen ein
vor einem blinden Spiegel in der Luft,
vor einer verschlossenen Tür im Wind.

Unbegangen sind die Wege auf der Steilwand des
    Himmels.

3
O Augen, an dem Sonnenspeicher Erde verbrannt,
mit der Regenlast aller Augen beladen,
und jetzt versponnen, verwebt
von den tragischen Spinnen
der Gegenwart...

4
In die Mulde meiner Stummheit
leg ein Wort
und zieh Wälder groß zu beiden Seiten,
daß mein Mund
ganz im Schatten liegt.

GOTTFRIED BENN

Teils – Teils

In meinem Elternhaus hingen keine Gainsboroughs
wurde auch kein Chopin gespielt
ganz amusisches Gedankenleben
mein Vater war einmal im Theater gewesen
Anfang des Jahrhunderts
Wildenbruchs »Haubenlerche«
davon zehrten wir
das war alles.

Nun längst zu Ende
graue Herzen, graue Haare
der Garten in polnischem Besitz
die Gräber teils-teils
aber alle slawisch,
Oder-Neiße-Linie
für Sarginhalte ohne Belang
die Kinder denken an sie
die Gatten auch noch eine Weile
teils-teils
bis sie weitermüssen
Sela, Psalmenende.

Heute noch in einer Großstadtnacht
Caféterrasse
Sommersterne,
vom Nebentisch
Hotelqualitäten in Frankfurt
Vergleiche,
die Damen unbefriedigt
wenn ihre Sehnsucht Gewicht hätte
wöge jede drei Zentner.

Aber ein Fluidum! Heiße Nacht
à la Reiseprospekt und
die Ladies treten aus ihren Bildern:
unwahrscheinliche Beauties
langbeinig, hoher Wasserfall
über ihre Hingabe kann man sich gar nicht erlauben
nachzudenken.

Ehepaare fallen demgegenüber ab,
kommen nicht an, Bälle gehn ins Netz,
er raucht, sie dreht ihre Ringe,
überhaupt nachdenkenswert
Verhältnis von Ehe und Mannesschaffen
Lähmung oder Hochtrieb.

Fragen, Fragen! Erinnerungen in einer Sommernacht
hingeblinzelt, hingestrichen,
in meinem Elternhaus hingen keine Gainsboroughs
nun alles abgesunken
teils-teils das Ganze
Sela, Psalmenende.

Hören, hören! – O du mein Gott –
nur Taube wissen, wie Hören tut,
und warten im Eisblock des Schweigens
auf dein lebendiges Wort.
Auch Menschenstimmen warten sie ab
mit ihrem sanften gehorchsamen Willen
und ihr Lächeln sagt zu den Lauten: Ja –
und gefriert dann wie Tau in Novembernächten.
Sie wissen, daß sie im Irrtum wohnen,
in einem Schuldturm aus Mißverständnis,
und es zittert in allem, was sie bezeugen,
die Qual des Verwechselns.
Selten wagt sich ihr Herz herauf,
um eine Antwort beherzt zu machen,
wenn sie doch einmal sich angesprochen
wähnen und freudig erschrecken.
Aber ihr Leben – o du mein Gott –
ihr Leben ist dennoch erfüllt von Verheißung,
daß du in ihr Fleisch kommst als dauerndes Wort
und den Schuldturm zum Tempel verwandelst.

MARIE LUISE KASCHNITZ

Aus: Tutzinger Gedichtkreis

Die Sprache, die einmal ausschwang, Dich zu loben,
Zieht sich zusammen, singt nicht mehr
In unserem Essigmund. Es ist schon viel,
Wenn wir die Dinge in Gewahrsam nehmen,
Einsperren in Kästen aus Glas wie Pfauenaugen
Und sie betrachten am Feiertag.
Irgendwo anders hinter sieben Siegeln
Stehen Deine Psalmen neuerdings aufgeschrieben.
Landschaft aus Logarithmen, Wälder voll Unbekannter,
Wurzel der Schöpfung. Gleichung Jüngster Tag.

Zwischen Liebe und Liebe setzt Du das alte Tabu,
Die Furcht vor einer Krankheit ohne Namen,
Deren Erscheinungen sind
Absterben der Glieder,
Atem mit Todesgeruch,
Würgegefühl am Hals.
Ein Ton ist in der Luft Vorüberzug,
Furcht schließt des Sämanns Faust. Der Schoß der Erde
Wird winterlich, und in der goldenen Kammer,
O das Alleinsein Brust an Brust.

Mit denen, die Dich auf die alte Weise
Erkennen wollen, gehst Du unsanft um.
Vor Deinen Altären läßt Du ihr Herz veröden,
In Deinen schönen Tälern schlägst Du sie
Mit Blindheit. Denen, die Dich zu loben versuchen,
Spülst Du vor die Füße den aufgetriebenen Leichnam.
Denen, die anheben von Deiner Liebe zu reden,
Kehrst Du das Wort im Mund um, läßt sie heulen
Wie Hunde in der Nacht.

Du willst vielleicht gar nicht, daß von Dir die Rede sei.
Einmal nährtest Du Dich von Fleisch und Blut,
Einmal vom Lobspruch. Einmal vom Gesang
Der Räder. Aber jetzt vom Schweigen.
Unsere blinden Augen sammelst Du ein
Und formst daraus den Mondsee des Vergessens.
Unsere gelähmten Zungen sind Dir lieber
Als die tanzenden Flammen Deines Pfingstwunders,
Sicherer wohnst Du als im Gotteshause
Im Liebesschatten der verzagten Stirn.

[...]

Manchmal kommt es uns vor, als müßten wir
Dir nachrufen, sagen, was aus uns geworden ist,
Allein gelassen zwischen Tür und Angel,
Und wie die Freude aussieht Deiner Kinder,
Die springen und sich aneinanderreißen
In schwarzen Kellern oder dasitzen schweigend
Beim Trommelwirbel vielen Herzschlag lang.
Und wie das klingt, der Überfallsirene
Finsteres Auf und Ab und der Schrei in der
        Dreschflegelgasse,
Und wie die Knaben fortgehen in der Nacht
Und ihre Zeichen auf die Mauern malen,
Und keiner weiß, in welchem Du Dich birgst ...

Und manchmal kommt es uns vor, als müßten wir
Vor Dein Angesicht bringen alles, was Du gemacht hast,
Es aufzuheben gegen Deine Kälte.
Ausschreien will ich Dir wie auf dem Jahrmarkt
Das Pappellaub, das silbern steht im Windsturz,
Den Schuppenglanz der Fische, das seltsame Auge des
        Zickleins,
Das schöne pestgefleckte Ahornblatt.

Wie die Windharfe sang in den Bäumen,
Wie die Flöte des Hirten in Argos,
Ausschreien will ich dies alles und zuletzt
Die Freude meiner Liebe,
Ich, Dein Gedächtnis.

Denn längst sind Dir unsere Tränen zuwider geworden.
Das süße Liebesmahl im Reich der Toten,
Der Zug der Palmen und der Lilienstengel,
Der abendliche Trost des Wiedersehens.
Geätzt mit Säure hast Du wie wildes Fleisch
Und absterben lassen die schöne Ausgeburt.
Vergeblich versuchen wir in Deiner Schwärze zu hecken.
Ein Fetzen rot und blau, ein Funkenregen
Unter den Lidern. Mehr gelingt uns nicht.

Jüngst doch hatten wir Tränen. Wer erinnerte nicht,
Wie sie hervorbrachen, jählings. Wie unsere Gesichter
    hüpften,
Verzogen zu Fratzen. Getränkt von der Unze Salzflut,
Und das Geräusch, das eingezogene
Und klagende, und wie der fremde Aufruhr
Uns endlich hinwarf an den Rand des Schlafs.
Es hat Dir gefallen, uns auszutrocknen
Wie gelben Stockfisch. Tränenlos
Lehnen wir steif an der Schwelle der Totenbetten,
Kein Zucken des Mundes mehr für die enttäuschte
    Hoffnung,
Kein Schluchzen mehr für die verlorene Heimat.
Der Verratene wird schon Mittel und Wege finden,
Das zu zerstören, was er sein Leben nannte,
Gründlich, trockenen Auges.

Jüngst noch wußten wir,
Was oben und unten ist.

Jeder kannte so etwas wie eine Himmelsleiter
Und die moosigen Stufen quellab.
Es hat Dir gefallen, uns auf einen Teller zu setzen.
Wenn wir die Hand ausstrecken, rühren wir an die
    Verwesung.
Mitten am Tage sind wir unterweltlich.
Mitten am Tage heben wir das Haupt
Ins eisige Licht der Sterne.

Jüngst noch scheuchtest Du uns zurück in die Erde,
Preßtest die Stirn uns in den grauen Staub,
Die bleichen Keime des Kartoffelkellers.
Aufwachsen ließest Du Urwälder mitten
Im Herzen der Stadt und Tiere weiden
In den Gärten unserer Verzweiflung.
Du hast den schwarzen Vorhang Nacht verbrannt,
Die Schlupflöcher hast Du vermauert und zugeschüttet
    die Gräben,
Aus denen wir auferstanden, Trunkene
Vom Hauch der Erde und fortan nicht mehr.

Denn Du wirst uns schlagen mit Wachsein.
Mit unaufhörlichem Blendlicht.
Auffindbar werden wir sein überall,
Auch im Rausch der Droge,
Auch in den Gärten des Wahnsinns.
Übersehbar die Steppe Fremdheit,
Gerodet der Wald Geheimnis,
Unsere verschwiegenste Tiefe
Durchsichtig wie Glas.

Du wirst Dich uns nicht mehr begreiflich machen,
Nicht auflösen Deine Verwirrung,
Nicht wiederholen die Tage, da wir gestillt
In Deinen Gärten das Haupt verbargen.

Getränkt mit Unbehagen ist das Erdreich,
Voll von Salzen und Säuren, an dem wir uns festhalten
    müssen.
Niemand wird mehr mit seiner Hand berühren
Die Wunden Deines alten Opfergangs ...

Und dennoch wirst Du fordern, daß wir Dich
Beweisen unaufhörlich, so wie wir sind
In diesem armen Gewande, mit diesen glanzlosen Augen,
Mit diesen Händen, die nicht mehr zu bilden verstehen,
Mit diesem Herzen ohne Trost und Traum.
Aufrufen wirst Du Legionen der Ungläubigen
Kraft Deiner lautlosen Stimme Tag für Tag,
Ihre Glieder werden hören,
Ihr Schoß wird hören,
Essen und trinken werden sie Dich,
Ihre Lungen atmen Dich ein und aus.

Verlangen wirst Du, daß wir, die Lieblosen dieser Erde,
Deine Liebe sind.
Die Häßlichen Deine Schönheit,
Die Rastlosen Deine Ruhe,
Die Wortlosen Deine Rede,
Die Schweren Dein Flug.

[...]

MARIE LUISE KASCHNITZ

Das alte Thema

1.
Ab und zu
Du
Gott noch immer Unbekannter
Berührst uns
Wie der an die Decke
Der Sistina gemalte
Den eben erst
Erschaffenen Adam
Nur mit einem Finger
Da fliegen wir
Für diesen Augenblick
Dir im Konvoi
Da nährst Du uns
Von Kuppe zu Kuppe
Mit dem Mut Deines Anfangs
Wir aus demselben Stoff gemacht
Wie Du
Noch ohne Blutgeruch
Und Brandgeruch
Schöpfer Geschöpf
Wir flogen
Liebten uns
Uneingeschränkt
Zum ersten letzten Mal

2.
Der alte Brunnen
Noch lange nicht ausgeschöpft
Nicht oft genug
Angegangen

Auf Tagwegen Nachtwegen
Der Schindanger Golgatha
Nicht genug
Masken abgerissen und altem Flitter
Nicht genug
Gedankt

Gedankt wofür
Für Biafra und Indochina
Für die Gaskammern Folterkammern Todeszellen
Für den schäbigen Trost
Die winzige Verheißung
Dafür gedankt?

3.
Komm näher mir
Mein armer Bräutigam
Der nichts zustande gebracht hat
In zwei Jahrtausenden
Dem seine Wunden nicht fruchteten
Und die Dornenkrone nicht blühte ...

4.
Du Bettler, Bruder, Bruder
Geh in mich ein
Streck deine Arme
In meinen Armen aus
Deine Finger
In meinen Fingern
Erfülle mich
Mit deiner Ungeduld
Die auch Geduld war
Überirdische
Wie man es nimmt

5.
Wie man Sie nimmt
Unmenschlicher Herr Jesus
Den wir nicht länger anreden
Mit dem vertraulichen Du
Auf jeden Fall haben die Forscher jetzt
Herausbekommen daß Ihr Kreuzestod
Eine Folterung ersten Ranges war
Und äußerst schmerzhaft.
(Von den Schächern spricht
In diesem Zusammenhang keiner)

6.
Wenn einer alt ist heißt es
Er kriecht zu Kreuze
Aber so ist es nicht
Das Kreuz geht übers Feld
In seinem Rücken
Schiebt sich ihm
Unter die Schultern
Die Nägel kommen geflogen
Nur
Nicht jeder der leidet ist heilig

7.
Noch ein neues Land
Aber ich fürchte mich
Was werde ich sehen
Die alten Hungerbäuche
Und hören die alten
Gehetzten Schritte
Die Schläge auf nacktes Fleisch

8.
Ein neues Land
O Reiselust und Furcht
Denn wer sagt, daß dort wirklich Frieden ist
Luft zu atmen
Und reine Strände
Swimming in lovely sea?
Die Kinderengel vielleicht
Tragen ihre alten Napalmgesichter
Das stand nicht im Prospekt

Oder doch

Oder doch?

PAUL CELAN

Tenebrae

Nah sind wir, Herr,
nahe und greifbar.

Gegriffen schon, Herr,
ineinander verkrallt, als wär
der Leib eines jeden von uns
dein Leib, Herr.

Bete, Herr,
bete zu uns,
wir sind nah.

Windschief gingen wir hin,
gingen wir hin, uns zu bücken
nach Mulde und Maar.

Zur Tränke gingen wir, Herr.

Es war Blut, es war,
was du vergossen, Herr.

Es glänzte.

Es warf uns dein Bild in die Augen, Herr.
Augen und Mund stehn so offen und leer, Herr.

Wir haben getrunken, Herr.
Das Blut und das Bild, das im Blut war, Herr.

Bete, Herr.
Wir sind nah.

PAUL CELAN

Einmal
da hörte ich ihn,
da wusch er die Welt,
ungesehn, nachtlang,
wirklich.

Eins und Unendlich,
vernichtet,
ichten.

Licht war. Rettung.

NELLY SACHS

Chor der unsichtbaren Dinge

Klagemauer Nacht!
Eingegraben in dir sind die Psalmen des Schweigens.
Die Fußspuren, die sich füllten mit Tod
Wie reifende Äpfel
Haben bei dir nach Hause gefunden.
Die Tränen, die dein schwarzes Moos feuchten
Werden schon eingesammelt.

Denn der Engel mit den Körben
Für die unsichtbaren Dinge ist gekommen.
O die Blicke der auseinandergerissenen Liebenden
Die Himmelschaffenden, die Weltengebärenden
Wie werden sie sanft für die Ewigkeit gepflückt
Und gedeckt mit dem Schlaf des gemordeten Kindes,
In dessen warmem Dunkel
Die Sehnsüchte neuer Herrlichkeiten keimen.

Im Geheimnis eines Seufzers
Kann das ungesungene Lied des Friedens keimen.

Klagemauer Nacht,
Von dem Blitze eines Gebetes kannst du zertrümmert
    werden
Und alle, die Gott verschlafen haben
Wachen hinter deinen stürzenden Mauern
Zu ihm auf.

NELLY SACHS

Selbst die Steine umarmen wir –
wir haben einen Pakt mit ihnen geschlossen –
Hiob

Halleluja
bei der Geburt eines Felsens –

Milde Stimme aus Meer
fließende Arme
auf und ab
halten Himmel und Grab –

Und dann:
Fanfare
in der Corona des Salzes
ozeangeliebtes
wanderndes Zeitalter
stößt granitgehörnt
in seinen Morgen –

Halleluja
im Quarz und Glimmerstein
beflügelte Sehnsucht
hat ihren Schlüssel himmelwärts gedreht
Tief-Nacht-Geburt
aber schon Heimat für eines Seevogels
Ruhesturz

Feuerflüchtlinge
aus blinden Verstecken entflohen
ausgewinterte Chemie
in geheimer Unterhaltung des Aufbruchs –

Sonnensamen
aus geöffneten Mündern der Offenbarung

Halleluja
der Steine im Licht –

Versiegelte Sterngewänder
durchbrochen
und der Himmel mit der ziehenden Sprache
öffnet Augen an umweinter Nacktheit –

Aber
im Mutterwasser
saugende Algen umklammern
den füßehebenden Dunkelleib
Fische in Hochzeitskammern
wo Sintflut bettet
reigen besessen

gefolterte Träume gerinnen
in der Meduse atmend Saphiergeblüh
und wie mit Wegweisern zeigend
Blutkorallen aus schläfrigem Tod –

Halleluja
bei der Geburt eines Felsens

in die goldene Weide des Lichts –

NELLY SACHS

Aus: Glühende Rätsel

Aber zwischen Erde und Himmel
beten immer noch die gleichen Psalmen
drehen sich in den Köchern aus strahlendem Staub –
Und die Taucher mit göttlichen Grüßen
finden kein Waisenreich
in den rosenroten Wäldern der Tiefe –

NELLY SACHS

Aus: Glühende Rätsel

Als der große Schrecken kam
wurde ich stumm –
Fisch mit der Totenseite
nach oben gekehrt
Luftblasen bezahlten den kämpfenden Atem

Alle Worte Flüchtlinge
in ihre unsterblichen Verstecke
wo die Zeugungskraft ihre Sterngeburten
buchstabieren muß
und die Zeit ihr Wissen verliert
in die Rätsel des Lichts –

PETER HUCHEL

Winterpsalm

für Hans Mayer

Da ich ging bei träger Kälte des Himmels
Und ging hinab die Straße zum Fluß,
Sah ich die Mulde im Schnee,
Wo nachts der Wind
Mit flacher Schulter gelegen.
Seine gebrechliche Stimme,
In den erstarrten Ästen oben,
Stieß sich am Trugbild weißer Luft:
»Alles Verscharrte blickt mit an.
Soll ich es heben aus dem Staub
Und zeigen dem Richter? Ich schweige.
Ich will nicht Zeuge sein.«
Sein Flüstern erlosch,
Von keiner Flamme genährt.

Wohin du stürzt, o Seele,
Nicht weiß es die Nacht. Denn da ist nichts
Als vieler Wesen stumme Angst.
Der Zeuge tritt hervor. Es ist das Licht.

Ich stand auf der Brücke,
Allein vor der trägen Kälte des Himmels.
Atmet noch schwach,
Durch die Kehle des Schilfrohrs,
der vereiste Fluß?

FRIEDRICH DÜRRENMATT

Schweizerpsalm III

Einst dürstete ich nach deinem Glauben
    Mein Land
Nun dürste ich nach deiner Gerechtigkeit
    Wahrlich
Die Ärsche deiner Staatsanwälte und Richter
    Lasten so schwer auf ihr
Daß ich das Wort Freiheit kaum mehr ertragen kann
    Das du ständig im Maule führst
Deine Glaubhaftigkeit zu beweisen
    An die niemand mehr glaubt
Nur noch deine Bankgeheimnisse sind glaubhaft.

Was ist aus dir geworden, mein Land?

Wenn du morgens für die Neger in Biafra und
    anderswo Geld sammelst
Legst du dich, Bet- und Bettschwester zugleich,
    Abends mit deren Häuptlingen zwischen die Laken
Deine Waffengeschäfte abschließend
    Damit jene, mit denen du schläfst,
Die abknallen, für die du gesammelt hast,
    Und wenn man deine Zuhälter faßt
Wissen sie von nichts.
Von den Steuerhinterziehern aller Länder unterhalten
    Schenkst du General Westmoreland Whisky ein
Mit ihm nächtlich auf die Rettung des Abendlandes
    anstossend.

Wehe denen, die anders denken als du
  Deine Lehrstühle
Hältst du von jedem Stäubchen Marxismus rein
  Dein Patriotismus ist so steril und keimfrei
Daß auf seinem Boden wirklich nichts mehr wächst
  Jede neue Idee ist für dich eine Seuche
So lebst du in ewiger Furcht vor Schnupfen und Masern
  Dabei hast du Krebs, du willst es nur nicht wissen,
Und die Psychiater kratzen sich verlegen hinter den Ohren
  Reden sie von dir, doch du läßt nicht mit dir reden
Wer dir seine Moral predigen will
  Den läßt du deine Moral spüren.

Nichts gegen deine Armee. Dieser wackere Verein
  Verdrosch einst Österreicher, Burgunder und Deutsche
Verdrosch die Unterdrückten fremder Unterdrücker
  Doch vor allem verdrosch er sich selber
Bis er von Napoleon gottseidank so gründlich
  verdroschen wurde
  Daß er seitdem friedlich wurde
Unsere Grenzen mit seinen Waffen beschützend
  Wie er sich einbildet
Denn in Wahrheit wurden wir hauptsächlich
  Durch unsere Geschäfte beschützt.

Nichts gegen diesen Verein. Man tritt
  Ihm unfreiwillig bei, steht in den Statuten
Doch, wenn er sich an jenen vergreift
  Die diese nicht mehr unbedingt notwendig finden
Greife ich ihn an
  Im Namen der Freiheit
Die er zu verteidigen vorgibt.
Er ist nicht die Stütze meines Landes.
Die Stütze meines Landes sind die, welche denken
  Nicht jene, die mitmarschieren.

Armer Villard
        Das Töten verurteilend
Wirst du von einem Lande verurteilt
        Das aus dem Töten Profit zieht.
Deine Lauterkeit sei unser Vorbild.
Deine Tapferkeit werde die unsrige.
Die Tapferkeit, in einem Lande zu leben
        In welchem es langsam genierlich wird
Einem Bundesrat die Hand zu reichen.
Noch sind Wenige, die denken, doch die Mehrheit
        Stampft sie in den Untergrund
Stempelt sie zu Kanalisationsschweizern. So
        Untergraben sie denn als Maulwürfe
Den Boden, der dich trägt, mein Land
        Verändernd mit der Zeit
Was du unveränderlich hältst
        Einen besudelten Schweizerpass in der Tasche.

ROSE AUSLÄNDER

Mit Fragen

Ich komme
mit Dornenfragen
blutarmer Sonne
Disteln und Wind

mit der Ameisenkönigin
und ihrem empörten Heer
mit Fragen woher wohin

mit dem Hügel unterm Stein
mit zuckender Kerze
Talglippen
Fragen aus Qualm

mit der erwürgten Liebe
mit dem Scherben
von deinen Augen geraubt
darüber der Geierschrei

ich komme
zu wem
mit Fragen
warum wozu

ROSE AUSLÄNDER

Aber rebellisch

Hallelujah
irdisches Wort
ich atme es
auf die Adamstafel

Ruhloser Stern
der uns dichtet
unsere Namen mit grünen Fingern
schreibt auf die lange
Adamsrolle

Ich denke dich
schön aber rebellisch
voller Ecken ein stachliges
Atemkarussell

Hallelujah
Vaterstern Mutterstern
vom Himmel erdacht
auf rollender Adamskugel

ich denke dich
apfelgrün
brotbraun
schattenschwarz

ROSE AUSLÄNDER

Respekt

Ich habe keinen Respekt
vor dem Wort Gott

Habe großen Respekt
vor dem Wort
das mich erschuf
damit ich Gott helfe
die Welt zu erschaffen

ROSE AUSLÄNDER

Preisen

Preisen
die Erde
und ihre unaufhörlichen Wunder

Sonne Mond Gestirne
und was dahinter
dichtet

Die Menschenbrüder
aufnehmen
im Herzgefäß
unsre winzige Ewigkeit

ROSE AUSLÄNDER

Gott
Schöpfer aller Dinge
Du bist nicht
gut
Du bist nicht
schlecht
Du bist

Du gabst mir
Kraft zu leben
nicht genug
zu leben
ewiglich
Gott

ROSE AUSLÄNDER

Erbarme dich
Herr
meiner Leere

Schenk mir
das Wort
das eine Welt
erschafft

ROSE AUSLÄNDER

Mysterium

Die Seele der Dinge
läßt mich ahnen
die Eigenheiten
unendlicher Welten

Beklommen
such ich das Antlitz
eines jeden Dinges
und finde in jedem
ein Mysterium

Geheimnisse reden zu mir
eine lebendige Sprache

Ich höre das Herz des Himmels
pochen
in meinem Herzen

EVA ZELLER

Winterpsalm

Dein Name
ist gefallen
Dein Name
fällt

Und ist kein
anderer Name
auf den sich mein
weggeschnittener
Atem reimt

Und er heißt
Wunderbar Rat
Stecken und Stab
Begehbarer Weg
Eis
über meinem Bodensee

Geheiligt werde
dein zugefrorener Name

EVA ZELLER

Ein Psalm zu singen

Ein Psalm zu singen
wenn meine Hoffnung
nur noch am
seidenen Faden hängt

dann wäre ich gern
die Ranke vor
meinem Fenster mit
ihrer Suchbewegung
zum Licht

ein wilder
Bienenschwarm
über erfühlter
Wasserader

eine Brieftaube
ganz und gar
mit dem Sonnen-
kompaß im Kopf

was sage ich
der Blütenküsser
Kolibri um an den
süßesten Göttertrank
zu gelangen zapft
er mit dem Schnabel
den Kelchboden an
zwanzig Blüten
pro Minute

EVA ZELLER

Aber heute

Aber heute,
allmächtiger Gott,
setze ich das
Unmögliche in die
Möglichkeitsform,

als sei ich
selber aus Ägypten
weggeführt worden,

als sei meinetwegen
der Riesenaufwand
mit dem bestellten Fisch,

dem Wurm, der den
Schatten wegfrißt,
dem heißen Ostwind
in Szene gesetzt,

als habe mein Ohr
die rostige Winde
am Ziehbrunnen,
das Füllen des
Eimers gehört,

als sei es meine
verdorrte Hand,
die sich wieder
bewegen kann,

als habe ich mich
leibhaftig zu den
Krüppeln gesellt,
die warten, ob sich
das Wasser im Teich
am Schafstor bewegt,
aber Du bist
vorbeigegangen,

ein Foto mit Selbst–
auslöser, da steh ich,
die Augen vom Blitz
geschlossen, als sei ich
umleuchtet.

RUDOLF OTTO WIEMER

Dich loben im Abfall

(2. Fassung)

Gott, der du sprichst in vielerlei Sprachen,
lehre mich dein Esperanto.
Der du einlädst, deine Vorstellungen zu besuchen,
verschaffe mir eine Platzkarte.
Der du die Zeitungen vollschreibst täglich,
verrate mir dein Alphabet.
Der du immer neue Anschläge ersinnst,
mache mich zu deiner Plakatwand.
Der du schreien läßt deine Leuchtreklamen,
laß mich aufmerken im Dunkel.
Der du fliehst aus den Kirchen,
stärke meine Hartnäckigkeit, dich einzuholen.
Der du dich hinter Masken versteckst,
laß mich deinen Karneval nicht verachten.
Der du ankommst auf den Bahnsteigen,
zeige mir deinen Fahrplan.
Der du dich zählen läßt im Portemonnaie,
korrigiere meine Berechnungen.
Der du dich aufhältst an den Grenzen,
bringe meinen Paß in Ordnung.
Der du lachst hinter den Fernsehschirmen,
mache lächerlich meine Melancholie.
Der du die Müllkübel durchwühlst, Gott,
verschließe meinen Mund nicht, dich zu
loben im Abfall.

WILHELM WILLMS

psalm

wir
haben
das knien
verlernt

wir
knien
vor nichts

wenn wir doch
knieten
vor nichts

in dem DU
nicht gefangen
bist
denn du
bist
groß

in deine richtung
knie ich

ich knie
vor der
NICHTS monstranz

KURT MARTI

Weihnachtspsalm

preise den rhythmus gebogener räume
   gestirne entwandernd ins all
preise die dunkelstürze von meeren
   der mondgebirge fata morgana
preise den sonnensabbat
   das kosmische fest
preise den tödlichen ernst
   der heimkehrt ins göttliche spiel
preise den gott im bauche des mädchens
   den heiligen embryo besserer zukunft
preise mohammed und marx
   im gespräch einst an fröhlicher tafel
preise auch buddha und einstein
   die geige im baum das abendgelächter
preise den glanz der weihnachtsbäume
   die freiheitsbäume geworden
preise die häresien der liebe
   und ihre auferstehung vom tod
preise den mut im astronautischen herzen
   die kühnen revolten göttlicher hoffnung
preise die ersten schreie des kindes im trog
   des mannes tod der das töten entrechtet
preise den tag da der bruder aus nazareth tanzt
   unter brüdern der endlich klassenlosen gesellschaft
preise den sommer der heiß sich verströmt
   wenn weihnachten ausbrechen wird auf erden

KURT MARTI

Preisungen

(2. Fassung)

preise den rhythmus gebogener räume
   die gestirne entwandernd ins all
preise die dunkelstürze von meeren
   der mondgebirge fata morgana
preise den sonnensabbat
   das kosmische fest
preise den tödlichen ernst
   der heimkehrt ins göttliche spiel
preise mohammed und marx
   in gesprächen dereinst an fröhlicher tafel
preise buddha und einstein
   die geige im baum das abendgelächter
preise der greisinnen herzlichen mut
   die kühnen revolten göttlicher hoffnung
preise die häresien der liebe
   und ihre auferstehung vom tod
preise den gott im bauche des mädchens
   den heiligen embryo unserer zukunft
preise den tag da warm und wie sommer
   weihnachten ausbrechen wird auf erden
preise die nacht da der bruder aus nazareth tanzt
   inmitten einer endlich herrenlosen gesellschaft

BERND JENTZSCH

Stoßgebet

Wenn einer wegwill und noch kein Greis ist, weder Dienst-
reisender noch Sportler, kein Kundschafter der heiligen
Sache, dem stehe bei der Allmächtige der Vogelfreien, der
achte auf seine geächtete Hand, die das unterschrieb, ich will
hier raus, der hat sein Urteil gefällt, der darf nicht mehr sein
in Lohn und Brot, ein Querulant unter Tausenden zu Aber-
tausenden, in die Korrektionsanstalt mit dem, nach Wald-
heim, Bautzen, Hoheneck, nach Cottbus in die Dunkelzelle,
singen lernen, verpfeifen, verraten und verkauft, der Verkauf
der Landeskinder nach Hessen, Kopf um Kopf, der ist verlassen von allen guten Geistern und stolpert vor die Kame-
ras, die ersten Schüsse im Jenseits Schnappschüsse, Allmächtiger, mit aller Macht, dem stehe bei.

Gib mir die gabe der tränen gott
gib mir die gabe der sprache

Führ mich aus dem lügenhaus
wasch meine erziehung ab
befreie mich von meiner mutter tochter
nimm meinen schutzwall ein
schleif meine intelligente burg

Gib mir die gabe der tränen gott
gib mir die gabe der sprache

Reinige mich vom verschweigen
gib mir die wörter den neben mir zu erreichen
erinnere mich an die tränen der kleinen studentin
    in göttingen
wie kann ich reden wenn ich vergessen habe
    wie man weint
mach mich naß
versteck mich nicht mehr

Gib mir die gabe der tränen gott
gib mir die gabe der sprache

Zerschlage den hochmut mach mich einfach
laß mich wasser sein das man trinken kann
wie kann ich reden wenn meine tränen nur für mich sind
nimm mir das private eigentum und den wunsch danach
gib und ich lerne leben

Gib mir die gabe der tränen gott
gib mir die gabe der sprache
gib mir das wasser des lebens

DOROTHEE SÖLLE

Warum ich gott so selten lobe

Warum ich gott so selten lobe
fragen die freunde mich immer wieder
verdammt bin ichs denn
war der bund nicht zweiseitig
daß er etwas lobenswertes tut oder vorbeischickt
und ich etwas zum loben entdecke

Ein fabelhafter kontrakt
er schickt nichts ich sehe nichts
er war schon immer stumm ich schon immer blind
das ist die melodie dieser weit

Montag war er stumm
also war ich blind
am abend torkelte eine wolke vorbei
mit goldenem rand
aber ich schickte sie weg
den kopfhörer auf
für die melodie dieser welt

Dann rief wieder einer dieser lästigen freunde an
warum ich denn so selten
er benutzte rund zwölf sprachen für das wort gott
darunter das psychoanalytische das chinesische
die frauensprache das kybernetische
und die rastaferai musik
ich hängte ein

Außerdem hätte ich nichts gegen gott
wenn er sich an seine versprechen hielte

KONSTANTIN WECKER

Lieber Gott

vor ein paar Stunden
hab ich dich einfach so angeredet.
Ich war pinkeln,
stockbesoffen und, den Kopf an die Kacheln
des Pissoirs gelehnt,
kaum mehr in der Lage,
meine Männlichkeit in den Griff zu kriegen,
und da überkam mich plötzlich das Gefühl
der Ewigkeit.
Du wirst dich in diesen Fällen
nicht so auskennen,
aber du mußt mir das einfach glauben,
diese Stellung hilft einem eben,
etwas von der Ewigkeit kennenzulernen.
Plötzlich hat man sein Gleichgewicht gefunden,
Hände am Hosenlatz,
ein Bein leicht angewinkelt
und man ist so froh, nicht mehr umzufallen,
daß man das nie mehr aufgeben will.

Jedenfalls kam mir da plötzlich dieses
»Lieber Gott«
über die Lippen,
und ich wunderte mich,
daß ich dich auf einmal
so liebevoll angeredet habe.

Wir beide sind uns im Laufe der Jahre
über manches klarer geworden.
Du willst mir nichts mehr vorschreiben,
und ich will dir nichts mehr vormachen.

»Liebe Gott und tue, was du willst«
diesen Augustinus hat man mir früher immer
verschwiegen.
Dafür haben sie uns ab und zu
kleine Hauchbilder in die Hand gedrückt
mit schönen Engelmännern drauf,
die gebrechliche Damen
über Brücken geleiten.
Aber wenn ich mir das mal ohne Haß
durch den Kopf gehen lasse –
so dumm kannst du gar nicht sein,
wie dich die Jahrhunderte dargestellt haben.

Von deinem Standort aus
überblickst du alles ja soviel besser,
wie sich Gesetze ändern,
wie unmenschlich menschliche Ordnungen sind,
wie sprunghaft die Schuld ist,
lieber Gott,
du kannst ja gar kein Rächer sein
und schon gar kein Moralist.
Eigentlich hast du zuerst mal
immer verdammt viel mit mir zu tun.
Und du kannst warten.
Ewigkeiten fließen durch dich hindurch,
und du wartest einfach.
Schreibst keine Romane,
hörst dir nicht mal Gustav Mahler an,
drückst dich in der Straßenbahn nie an kleine Mädchen,
was, Gott,
wenn ich nicht wäre?
Hab ich recht,
stirbt was an dir,
wenn ich aufgebe?

Du nimmst mich doch böse und gut,
grausam und mildtätig,
Hauptsache,
ich bleib am Ball.

Ich würde gern mal mit dir
einen Nachmittag lang durchs Universum fliegen,
aber laß mich wieder zurück.
Ich hab noch soviel zu erledigen hier unten,
bin wohl noch nicht ganz fertig.
Will im August in die Toscana,
hab noch eine Menge Musik zu machen,
muß ein paar Leuten auf die Zehen treten,
meine Leber hält noch einiges aus,
und lieben will ich,
lieber Gott,
lieben, bis mir das Fleisch von der Seele fällt.
Haben das deine Engel mal so gemacht?

Wahrscheinlich muß mich erst wieder
die Ewigkeit streifen
in irgendeinem Pissoir,
bis wir wieder mal
miteinander plaudern.
Aber wir haben ja Zeit.
Werde bis dahin versuchen,
schön chaotisch zu bleiben,
Gesetze zu brechen
und der Macht aus dem Weg zu gehen,
das ist mir Moral genug.
Und nur unter diesem Gesichtspunkt
sollten wirs weiter miteinander
versuchen.
Will mich nicht messen mit dir.
Will auch nicht in die Knie sinken.

Drück mir die Daumen,
und schäm dich nicht, vorbeizuschauen,
wenn ich traurig bin.
Das hab ich nämlich schon lange rausgekriegt:
Ihr Götter könnt nicht weinen
und müßt durch unsere Tränen stark werden.
Laß mich nicht fallen,
lieber Gott.

CHRISTINE BUSTA

Schneepsalm

Heute nenn ich Dich Schnee,
Du unerschöpflicher Schöpfer
vergänglicher Sternkristalle,
der die nackten Äcker bekleidet,
den Wanderer weglos macht
und die ärmlichsten Hütten
füllt mit Geborgenheit und Einkehr.

Schwebender Du, der den Bäumen Last wird,
der die tapferen Krähen auswirft
in die Stille und die Tiere
aus den Wäldern den Menschen nahbringt,
der die Hilflosen hilfloser macht
und die Hilfsbereiten bereiter.

Lautloser, der das Vertraute entfremdet,
wird uns Deine Fülle begraben,
werden Flüche das Lob ersticken?
Morgen vielleicht schon wird uns Dein Weiß
blenden und Du beginnst zu tauen.
Herrlicher! Dann nenn ich Dich Sonne.

BOTHO STRAUSS

*Aus: Diese Erinnerung an einen, der nur
einen Tag zu Gast war*

Ruhe ist nirgends im All außer im lichten Bewußtsein
des Menschen.
Stille des Sinns – gewaltige Sonderheit
in einem Raum voll Akt und Raserei.
Königsweg der Natur zu ihrem Ursprung in Gott.

Immer gilt es, unsere Ruhe rein und bereit
zu halten und ein geordneter Aufstieg zu sein.

Denn wir sind der Schöpfung dazugetan,
um weiter zu schaffen und unser Schaffen ist
weiter dazutun aus stillem Bewußtsein.
Alles Wissen wird Schauen sein.
Alles Bewußte Gedicht.
Nichts wird erfunden ohne Zusammenhang.
Integrationen verdichten die Erde.
Zugänglich nur dem selber versöhnten,
dem ganzgewordenen Geist.

PAUL KONRAD KURZ

Magnifikat

1

Die Augen auftun
die Ohren auftun
die Lippen
den verschnürten Leib
Was in mir atmet
die Seele groß werden lassen

Das Geschehene sammeln
das Erinnerte sammeln
die frühen Töne
die Abend-Töne
Schweige-Töne
die das Hören umfängt

Kommen lassen
die Ruf-Worte
Wort-Erfahrungen
die Ausfahrt des Worts
seine Dunkelstürze
Muthelle am Tag

2

Und die zugesprochenen
Sätze der Brüder
Und die ausgesprochenen
Worte der Schwestern
Väter aus Vorzeittagen
Mütter des Worts

Und die Boten der Lüfte
Und die Boten der Seele
die plötzliche Berührung
meiner Atemhaut

Weil Er mich trotz
Widrigkeit gebar
Weil Er mich trotz Krieg
nicht töten ließ
Weil Er trotz Abbruch
Brücken baute

Weil Er in das Krumme
das die Wächter verwiesen Leben pflanzte
Weil Er Kundige
in das Weglose schickte
Weil die Jäger
am Ende leer ausgingen

Weil Er dem Verzagten
Bilder in die Seele schickte
Weil er dem Armen
Worte an dem Rand gebar
Weil sein Engel
ihm die Stirn berührte

Weil ich vom Boden
aufstehen durfte
Weil ich nicht
in der Schlucht liegen blieb
Weil er mir
Helfer sandte

Weil Er mir Füße gab
zu gehen
Weil Er Winde schickte
die mich atmen ließen
Weil Er ein Haus
zum Wohnen zeigte

3
Weil die Lästerer
mich nicht zerreißen durften
Weil Niederlagen
mich nicht lähmten
Weil ich wieder und wieder
meine Geburt schauen durfte

Weil meine Hungerkerze
nicht erlosch
Weil Er mir Lust
machte auf Kommendes
Weil Sein Licht aufging
über meinem Jahr

Obschon zu Zeiten unser Begehr
böse umgeht mit der Welt
Obschon wir nicht Herr sind
im Haus der Seele
Obschon der große Teller
uns den Blick trübt

Obschon ich auf die großen Fragen
keine Antwort weiß
Obschon ich die Leiden
der Menschen erbärmlich finde
Obschon die Haut
früh Flecken zeigt

Obschon ich den Gang der Geschichte
nicht erklären kann
Obschon ich die tägliche Gewalt
scheußlich finde
Obschon ich meine Ohnmacht
nicht übersehe

4
Weil ich Dich
nicht predigen muß
Weil Du mich zu Deiner Verteidigung
nicht ernsthaft brauchst
Weil ich Dich
Du sein lassen kann

Weil Du mir Glaube
in die Gefäße träufelst
Weil mir Hoffnung scheint
daß am letzten Tag nicht alles aus ist
Weil Du mich das Leben preisen läßt
das Jeschua gebar

Ich preise Dich aus meinem Bewußtsein
Ich preise Dich aus meiner
    Lebensgeschichte
Ich preise Dich inmitten der verstörten
Geschichte meines Volkes
Ich preise Dich auf dieser an keinem Tag
gewaltfreien Erde

Ich preise Dich
bis an die Grenzen meines Denkens
Ich preise Dich
bis zu den Polen der Erde
Ich preise Dich bis über die bildfremden
Galaxien hinaus

Ich preise Dein Erbarmen
Ich preise Deine Nähe
Ich preise Deine Ferne
Ich preise daß Du mir
Zeit gelassen Dich zu erkennen
Ich preise die Geburt Deines Sohnes
Ich preise Seinen Ostermorgen

5
Ich preise Dich
durch die Bilder Deiner Offenbarung
Ich preise Deine
bildlose Gegenwart
Ich preise Dich durch meine Lichthaut
in den weitesten Raum

LUDWIG STEINHERR

Die Antwort

Nachts,
die Stirn am Türpfosten,
wenn ich nicht
aus noch ein
weiß,
halte ich IHM
entgegen:

die Wüste
in meinen Tagen,

den Dornverhau
hinter der Stirn,

den brennenden Schrei
in der Kehle des
Gefolterten,

den kein Stiefel
austreten,

keine Leere
totschweigen kann.

Die Antwort, schreie ich,
die Antwort!

Nichts,
nur der Dornbusch
in der Wüste, der
weiterbrennt.

PETER HANDKE

Aus: Gedicht an die Dauer

Diese Dauer, was war sie?
War sie ein Zeitraum?
Etwas Meßbares? Eine Gewißheit?
Nein, die Dauer war ein Gefühl,
das flüchtigste aller Gefühle,
oft rascher vorbei als ein Augenblick,
unvorhersehbar, unlenkbar,
ungreifbar, unmeßbar.
Und doch hätte ich, mit ihrer Hilfe,
welchen Widersacher auch immer
anlachen und ihn entwaffnen können,
hätte die Meinung,
ich sei ein böser Mensch,
umgewandelt in die Überzeugung:
»Er ist gut!«,
wäre, gäbe es einen Gott,
das Gefühl der Dauer lang dessen Kind gewesen.

[...]

Der Ruck der Dauer,
er stimmt für sich schon ein Gedicht an,
gibt einen wortlosen Takt,
mit welchem,
befreiende Zutat,
in meinen Adern der Puls eines Epos schlägt,
worin das Gute am Ende doch siegen wird.

Mit der Handauflegung der Dauer
schließt sich die Wunde,
welche mir erst bewußt wird,
indem sie sich schließt.

Der Anstoß der Dauer ist das,
was mir gefehlt hat.
Wer nie die Dauer erfuhr,
hat nicht gelebt.

Die Dauer entrückt nicht,
sie rückt mich zurecht.
Aus dem Scheinwerferlicht des Tagesgeschehens
flüchte ich entschlossen ins ungewisse Lager
    der Dauer.

Dauer ist der Fall,
wenn ich an dem Kind,
welches kein Kind mehr ist
– vielleicht schon ein Greis –,
die Augen des Kindes wiederfinde.

Dauer ist nicht im unvergänglichen
vorzeitlichen Stein,
sondern im Zeitlichen,
Weichen.

Tränen der Dauer, allzu selten!,
Tränen der Freude.
Unzuverlässige, nicht zu erbittende,
nicht zu erbetende
Rucke der Dauer:
Ihr seid nun gefügt
zum Gedicht.

WALTER THÜMLER

Either – Or

wenn wir dich nicht mehr loben, bleibt
nur des langsamen Sterbens
Mühsal wider deine
ständige Werbung

Feuermund, der
uns alle verbrennt

wir unsere Laufbahn um dich
beschreibend,
zum Tode oder
im Wasser deine

Züge zu enträtseln

MANFRED ACH

Dein Wort wird alles neu machen

Die großen Worte
verbrennen wie Zunder
vor Deinem Wort.

Die Totenvögel
stellen ihre Klage ein.
Sperrstunde für den Rummelplatz
galaktischer Verschwörer.
Funkstille.

Aus den Regalen stürzen die Philosophien
und schlagen noch ein letztes Mal
mit Buchdeckeln nach Dir.

Dann fällt, wenn alles
vorüber ist, in die Stille
Dein Wort.

RICHARD EXNER

Frage

daß einer in eines anderen gesicht
liest sich nicht irrt und es in beide
hände nimmt und küßt und sich an den
leib preßt sanft und dann immer heftiger
und wieder hochnimmt und aufs neue
erkennt und hinaufhält in den ersten
morgen
                GOTT
                        was hast
du denn vorgehabt als du sprachst:
soll er kommen der mensch und den
menschen töten soll er lernen
was schmerzen sind wenn er gebrannt
wird und den sucht der seinem herzen
feuer vorwarf soll er ertrinken
an seinen eigenen tränen soll er
ertränken die eigene brut soll er
hinschlagen wie die schöpfung die er
geschunden soll er nie mehr den kopf
im nacken sehen wie zugvögeln gleich
der himmel gestirn vor sich herjagt
soll er zugrunde ... soll er?

ARNIM JUHRE

Was ist besser als Leben

Psalm 63

Durch welche Wüsten wandern wir?
Durch welche selbstgemachten Paradiese?
Wozu vermehrt sich massenhaft
der Mensch aus Wasser, Geist und Staub?
Was treibt uns an?

Und sage ich Wir, dann sage ich auch,
jedes Wir ist ein vielfaches Ich:
Wir waren der Wüste nicht eingedenk,
verheeren das Wasser, das Land, die Luft.
Wonach dürstet uns?

Aufs Krankenbett unseres Wissens
wirft uns ein Schüttelfrost,
ein Tropenfieber. Mein Gott,
wir hätten dich suchen sollen.
Wonach dürstet mich?

Aus alten Zeiten höre ich sagen,
deine Güte sei besser als Leben.
Darüber sinne ich jetzt nach, seitdem.
Du wirst mir zu Hilfe kommen.
Mich dürstet nach dir.

RAINER MALKOWSKI

Das Licht

Es hat mich begleitet,
beinahe jeden Tag.
Es zeigte mir das Meer und die Tiere,
den Schnee auf den Bergen
und im Waldschatten den Farn.
Ich habe mich für das Licht
nicht bedankt.
Es wies auf die Gegenstände
und lehrte mich sprechen.
Es lehrte mich lesen und schreiben
nach der Natur.
Ich habe mich für das Licht
nicht bedankt.
Einmal zog es sich zurück,
und ich konnte im Spiegel
meine Augen nicht finden.

Aber dann kehrte es wieder,
und ich habe mich
flüsternd bedankt.

JOSEPH BUHL

Es fuhr einer vor

Es ist einer draußen,
es steht ein Krug im Gemäuer,
es brachte einer etwas zu Ende,
sitzt einer im Tor,
der ist größer als du,
war einer am Ende des Wegs,
dort lebt, in Gesträuch, ein Stern.

Es schaute die Gaube ins Zimmer,
blauten die Scheiben hinaus,
beben die Flanken des Stalls
vor den Stößen des Winds?

Es liegt draußen ein Bündel Bläue
in einem Winkel des Hofs,
es rührte ein Wagen
in den Farben des Morgens ...

Es fuhr einer vor,
kein andrer und ist nicht ich.

Es fuhr einer vor,
ein Himmel
an bläulichem Wall.

Es fuhr einer vor –
was fürchte ich mich?

Es fuhr einer vor.
Dieser Schmerz ist gerecht.

DAGMAR NICK

Dankgebet

Meine Zwangsuhr hast Du
zerbrochen, meine Zeit
in den Wind gehängt, Freiheit
mir übergestülpt: ein Glassturz,
hinter dem ich Dich sehe,
Hand und Name.
Ich will mich nicht einmischen.
Aber zuweilen stoße ich
an die gläserne Grenze.

HANS MAGNUS ENZENSBERGER

Empfänger unbekannt –
Retour à l'expéditeur

Vielen Dank für die Wolken.
Vielen Dank für das Wohltemperierte Klavier
und, warum nicht, für die warmen Winterstiefel.
Vielen Dank für mein sonderbares Gehirn
und für allerhand andre verborgne Organe,
für die Luft, und natürlich für den Bordeaux.
Herzlichen Dank dafür, daß mir das Feuerzeug nicht
　　ausgeht,
und die Begierde, und das Bedauern, das inständige
　　Bedauern.
Vielen Dank für die vier Jahreszeiten,
für die Zahl e und für das Koffein,
und natürlich für die Erdbeeren auf dem Teller,
gemalt von Chardin, sowie für den Schlaf,
für den Schlaf ganz besonders,
und, damit ich es nicht vergesse,
für den Anfang und das Ende
und die paar Minuten dazwischen
inständigen Dank,
meinetwegen für die Wühlmäuse draußen im Garten
　　auch.

RALPH ROTHMANN

Psalm Meier

Lobe ihn, meine Seele, preise ihn mit aller Kraft,
mit der Faust in der Tasche und dem
Totenschein in der Faust. In deinem kranken Schmuck,
dem Kleid aus Grind und Karzinomen,
lobe den Herrn, bis du am Boden liegst
und nichts mehr tragen kannst. Bis du erfährst,
was uns trägt.
   Bedenke, daß du nicht stirbst, meine Seele,
daß alle Winter der Welt in diesem Frühjahr blühen,
versuche nicht, klüger als das Gras zu sein.
Überhöre das Schweigen der Spötter,
laß dich verlachen und lache mit: Die ihren Bauch blähen
mit fetten Reden, deinen Jubel buchstabieren und
den Geist verkünden aus dem Feuilleton der Toten,
sie sind bestenfalls bei Verstand.
Ihr Gott ist ein Gefrierfach.
   Vergib dir deine früheren Wege,
dein billiges, dreckiges Schaumstoff-Leben,
verzeih dir schnell, meine Seele, denn niemand wird klagen
am Ende deiner Zeit, kein Engel wird sagen: Karl Meier,
warum bist du nicht Jesus gewesen. Oder wenigstens
ein Märtyrer. Aber jeder Halm, jeder Stein, jeder
berstende Stern fragt dich schon jetzt: Warum bist du nicht
Karl Meier gewesen?
   Lobe den Herrn. Lies die verblichene Schrift.
Sieh, wie schön du wirst über den Zeilen, ein Freund
der Lieder. Rufe ihn, meine Seele, ruf ihn jetzt.
In jedem »Wo bist du?« sind hundert
                                    »Hier«.

GOTTFRIED BACHL

Wasserpsalmen

I
Ich sollte das Herz in die Brandung werfen,
aber ich bettle um Geborgenheit.
Ich liege auf dem Sofa
und rede vom Wellengang der Zeiten,
ich halte meine Zehe in das Wasser
und berichte von Sturmerlebnissen,
meine Abenteuergeschichten
entstehen in der Badewanne.
Mein Jesus wandert in der Schwimmweste
über den See Genezareth,
mein heiliger Geist kommt
in der Wildbachverbauung daher,
mein Gottvater beschließt
die Abschaffung der Orkane.
Ich kenne das Wasser
nur aus der Wasserleitung,
ich verlasse mich nicht
auf die Wasser der Schöpfung.
Ich sollte das Herz in die Brandung werfen,
aber ich bettle um Geborgenheit.

II
Alle möglichen Säfte schütte ich in mich hinein,
ich tanke mich mit Erlebnissen voll,
ich bin gut drauf und gut dran,
ich weiß, wo die Elixiere zu haben sind.
Viele Meister geben mir zu trinken,
und verlängern das Leben
und verschönern mein Aussehen und stärken die Muskeln
und lockern die Seele und tröpfeln mir die Liebe ein

und heilen die Krankheiten.
Und wissen nichts gegen den Tod.
Versprechen Gesundheit
und wissen nichts gegen den Tod.
Sprudeln vor lauter Lebendigkeit
und wissen nichts gegen den Tod.
Rastloses Trinken und wachsender Durst,
der läßt sich nicht löschen,
der ist nicht sattzukriegen,
wenn ich nicht den Brunnen finde,
den du geschlagen hast in deinem Land,
ewiger Gott.

III

Ich lege mich in den Regen,
ich will, daß die Wasser des Himmels auf mich fallen.
Ich lege meine Knochen in den Regen,
ich lege meine Zunge in den Regen,
ich lege meine Augen in den Regen,
ich lege meine Füße in den Regen,
ich lege meine Hände in den Regen,
ich lege mein Geschlecht in den Regen,
ich lege meine Ohren in den Regen,
ich lege meine Haut in den Regen,
ich lege mein Blut in den Regen,
ich lege meine Wünsche in den Regen,
ich lege meinen Verstand in den Regen,
ich lege mein Herz in den Regen,
ich lege mein Gewissen in den Regen,
ich lege mein Leben in den Regen,
ich lege meine Gebete in den Regen,
ich lege meine Gottesgefühle in den Regen.
Ich lege mich in den Regen,
ich will, daß die Wasser des Himmels über mich kommen.

IV

Auf dem Gerinnsel hockt der Tod,
Zement lagert sich ab,
es bleibt etwas sitzen im Fluß
und gefriert und fault und versteint.
Die Frische weht uns ins Gesicht
aus dem sausenden Regen,
Die Hitze, die uns wärmt,
stammt aus den kochenden Molekülen,
das Bad liefert Vergnügen,
weil sich das Wasser an die Haut schmiegt
und nicht kleben bleibt und herantreibt
und sanft da ist und abläßt
und den hungrigen Sinnen erzählt
von deiner fließenden Nähe.
Alles hast du rinnen gemacht,
die Gefäße, die Därme, die Nerven
transportieren das Blut und den Brei
und die lebensnotwendigen Nachrichten.
Das Fruchtwasser meiner Mutter
hat mich getauft für die Fahrt im Strom.

V

Die Tränensäcke sind voll,
und niemand weiß, wohin ihr Wasser geleitet wird.
Sammelst du es in den Teichen
deines Überflusses?
Oder verfütterst du es an die Engel,
damit sie ein wenig Erde schmecken?
Hast du selber Durst
nach den bitteren Säften des Lebens,
das du losgelassen hast
zwischen Sonne und Mond?
Nein. Du läßt uns sagen
durch den Mund des Buches

wegwischen wirst du aus den Gesichtern
das Tränenwasser
du wirst keine Zwecke angeben,
keine Bewirtschaftung der Schmerzen nennen,
du wirst es verschwinden lassen
als wäre es nicht geflossen,
und wir werden vielleicht im Zittern deiner Hand
ein wenig Verwunderung spüren.

VI
Die Abwässer sind gelb,
sie gehen den Bach hinunter
mit allem, was aus den Küchen rinnt, aus den Labors,
den Laugen und Säuren und Giften.
Die grüne Brühe im Almsee
aus Algen und Entenscheiße
gehört zur Sommerfrische.
Hinter dem Jauchefaß plätschert es
den Margeriten in die Staubgefäße.
Gern verfluchen wir die menschliche Lust
an den Erfindungen,
weil sie die göttliche Flüssigkeit verpfuschen,
aber die Moleküle geben sich leicht dafür her,
sie sind nicht wählerisch in ihren Reaktionen,
fürchterlich mischbar ist das einfache Wasser,
demütig ist es für alles zu haben.
Wir prüfen seinen Charakter,
bevor wir es in den Taufbrunnen gießen.
Wir verlassen uns nicht auf seinen Ruf.
Wir haben Fragen.
Der Dreck in der Schöpfung,
wo kommt er her?

VII
Leuchttürme sind nötig,
sonst fahren wir auf den Felsen.
Die Vertrauensseligen
erschlägt die Welle am Ufer.
Wer treibt die Gazellen auf die Bäume,
wer läßt die Wolken fallen?
Wer bedient sich des roten Meeres
zur Ersäufung ägyptischer Truppen?
Heute schoß der Hagel durch die Fenster ins Haus
und zerschlug die Stube.
Gestern fuhr die Mure herein
in den hohen Fronleichnamstag.
Morgen wird das Wasser aus Eisen sein,
und die freundliche Ache nicht mehr zu kennen.
Deine Natur hat zertrümmernde Worte,
wir schlucken und würgen.
Wir sagen gern alle Tage *deine silbernen Bäche*
dein sanftes Gewässer
deine blaue Donau deine wiegende See,
aber wer traut sich zu sagen *deine Dammbrüche*
deine Regenverweigerung
deine Lawinen über den Dörfern deine Wildwasser?

VIII
Seht ihr die Dankbarkeit der Studentenblume,
wenn die Gießkanne das Wasser bringt,
weil sie nicht warten muß auf den zufälligen Regen?
Sie kann sich verlassen auf die Vernunft des Gärtners.
Er steht früh auf und sieht nach den Wolken,
er untersucht die Absichten des Himmels,
denn er weiß, daß oben mit ihm gerechnet wird,
mit seinem Verstand und seiner Neigung
zu den Gewächsen.

Es ist gewollt, daß er denkt und kalkuliert,
daß er Kanäle gräbt und den Eimer schultert.
Die Schaltstelle Hirn gehört in das Konzept,
sie wurde nicht später dazugeschwindelt.
Die Elemente gehorchen dem Einmaleins,
sagt der Gärtner in seinen Gebeten,
der Mensch ist ein Wasserträger,
ein Durstlöscher, der gebraucht wird.
Denn am Anfang schuf der Ewige
das Gewirr der Umwege,
damit das Wasser fließt durch den Geist
und der Geist sich verteilt durch die Wasser ins Land.

IX
Wasser am Himmel und auf der Erde,
die fahrenden Wolken, die Bäche im Land,
Wasser der Tränen,
Wasser im Mund,
das Gesundheitswasser,
und die Wassersucht in den Zellen,
Wasser in der Wüste
und Wasser im Eismeer,
der Regen über den Wiesen
und die Sturmfluten an der Küste,
Wasser auf dem Mars,
im Haushalt der Sterne,
Wasser in den Bäumen,
Wasser, das zum Abwasser werden kann,
Wasser im Laboratorium
und in der Küche.
Das schüttest du hin über uns,
wenn du uns segnest, Gott des Lebens,
mit dem heiligsten Namen,
den du gefunden hast,
Jesus.

X

Als du auf dem See Genezareth gingst,
als dich die Schwerkraft entließ
aus ihrem totalen Regime,
da tanzte das Wasser den Tanz des Messias.
Da drang die Freude vor
zu den stummen Atomen.
Da standen die Elemente auf
aus dem Zwang der Kausalität.
Wir sehen dich gehen und hängen uns
an deine Leichtigkeit,
und lassen das Herz mit dir laufen,
laufen über den saugenden Wassern der Erde,
laufen über den unnachgiebigen Steinen.
Denn unsere Augen sind eingezwängt
in den Mauern des Kosmos,
die schweigende Gleichgültigkeit des Universums
fällt über unsere Seele her,
und die Sprache versickert im Sand,
der den Mund der Toten füllt.
Deine fliegenden Füße, Jesus, auf dem Weg des Lebens.
Deine Fußsohlen leuchten allen Ertrunkenen.

NACHWORT

Deutsche Psalmrede im zwanzigsten Jahrhundert

I

In der deutschen Sprachgeschichte gehörte der Psalm seit der Reformation zu den am meisten gebrauchten literarischen Gattungen. Die Sprachkraft der Lutherschen Psalmübertragungen und -lieder beeindruckt bis heute. Im siebzehnten Jahrhundert hatten Martin Opitz, Georg Weckherlin, Paul Fleming, Andreas Gryphius, Quirinus Kuhlmann bedeutenden Anteil an der Übertragung und literarischen Weiterdichtung der Psalmen. Die Form des Psalmverses veränderte sich. Fleming schrieb seine »Zehn Bußpsalmen« in dem damals gängigen Alexandrinervers. Noch Klopstock ist in seinen religiösen Hymnen und Oden psalmistisch beeinflußt. Erst im Verlauf der Aufklärung gewinnt bei den Klassikern eine andere poetische Sprechhaltung Ausdruck, beim frühen Goethe das Erlebnisgedicht, bei Schiller das Ideengedicht. Im neunzehnten Jahrhundert zeigen Clemens von Brentano in seinem »Frühlingsschrei eines Knechtes aus der Tiefe« und Annette von Droste-Hülshoff in ihren Gedichten des »Geistlichen Jahres« eine merkliche, diesmal katholische Psalmnähe. Der »Gott-ist-tot«-Rufer Friedrich Nietzsche spricht in den hymnischen »Zarathustra«-Rhythmen und in seinen »Dionysos-Dithyramben« psalmistisch. Ariadne klagt: »Wozu – *mich* martern, / du schadenfroher unbekannter Gott? // ... oh komm zurück, / mein unbekannter Gott! mein Schmerz! / mein letztes Glück! ...«

Nach mehreren Schüben der Säkularisierung des Verses vom Barock bis zur Gründerzeit entdeckten die Expressio-

nisten den Psalm als Gedichtform neu. Freie Rhythmen
befreiten den Vers aus Reimzwängen und metrischer Fixie-
rung. Der frühe Rilke nutzte den vorgegebenen Reim
beschwörend klanglich. Der junge Bert Brecht war von der
Möglichkeit freirhythmischer Verse so beeindruckt, daß er
am 31. August 1920 notierte: »Ich muß noch einmal Psalmen schreiben, das Reimen hält zu sehr auf.« Brecht hat
über zwanzig parodistische Psalmtexte geschrieben. Mit
freirhythmischen Versen waren Walt Whitman, Emile Ver-
haeren, Paul Claudel den deutschen Autoren des Jahrhun-
dertanfangs vorausgegangen. Hatte Angst vor der Anony-
mität der großen Städte, der Schock des Weltkriegs, Furcht
vor der kalten Technik die expressionistischen Dichter der
»Menschheitsdämmerung« (1920) getrieben, den Helfer
Gott anzurufen? Verlangte ihre Erfahrung der Einsamkeit
(wie bei dem Österreicher Georg Trakl) nach dem psalmistischen Gegenüber? Entsprang in der anonym übermächtig
werdenden Welt die neu aufgesprungene »Sehnsucht nach
Gott« (von ihr spricht Kurth Pinthus im Vorwort 1919) dem
Bewußtsein, daß es dem Menschen ohne Gott nicht gut
gehen konnte, daß ohne Gott keiner den »Bruder Mensch«
findet? Hermann Hesses Identifikations- und Projektions-
gestalt Harry Haller stimmt an einem Tag, an dem »kein
Krieg ausgebrochen, keine neue Diktatur errichtet, keine
besonders krasse Schweinerei in Politik und Wirtschaft auf-
gedeckt worden ist, dankbar die Saiten seiner verrosteten
Leier zu einem gemäßigten, einem leidlich frohen, einem
nahezu vergnügten Dankpsalm« (»Der Steppenwolf«, Roman 1927). Psalmistische Erinnerung und Psalmrede schließen
im zwanzigsten Jahrhundert ironische Rede nicht mehr aus.
Vom Anfang bis gegen Ende des Jahrhunderts sprachen
jüdische Autoren ihre psalmistischen Anrufe: Else Lasker-
Schüler und Gertrud Kolmar, die Expressionisten Franz
Werfel, René Schickele, Karl Wolfskehl, auch Yvan Goll,
nach dem Zweiten Weltkrieg Nelly Sachs, Arnold Schön-

berg, Paul Celan, Rose Ausländer. Einem Manès Sperber, im galizischen Dorf aufgewachsen, noch während des Ersten Weltkriegs nach Wien gereist, hatten sich früh Zweifel geregt am jüdischen Gott. Nicht als gläubiger Jude, als jüdischer Sozialist saß Sperber 1933 in Berlin im Gefängnis. Das Horst-Wessel-Lied, von den Wachmannschaften gesungen, drang in seine Zelle. Da drängte sich ihm aus der Tiefe des Bewußtseins als Gegenrede ein Psalm über die Lippen. »Nicht uns, nicht uns erweise die Ehre, sondern tu's um Deiner Gnadenhaftigkeit und um Deiner Wahrheit willen. Warum sollen die Heiden höhnen ›Wo ist denn ihr Gott?‹ Unser Gott aber ist im Himmel wie auf Erden, was er will, das vollbringt er« (»Die Wasserträger Gottes«, Autobiographie, 1974). – Die dreitausendjährige Tradition jüdischen Psalmensprechens ist nach dem Tod der jüdischen Dichter und Dichterinnen in deutscher Sprache verstummt. Wird sie je wieder erwachen? Th. W. Adorno sprach nach Auschwitz dem Gedicht seine Berechtigung ab. Die Jüdin Nelly Sachs, der aus Czernowitz stammende Dichter Paul Celan schrieben nach Auschwitz psalmistische Totenklage, in ihren Versen Totengedenken.

Das Bewußtsein des grauenhaften Getanen und Geschehenen sperrte nach 1945 bei den »Heimkehrern« unter den Dichtern harmonisierende Rede. Der im hohen Ton geformte Vers mußte sich legitimieren. Reinhold Schneiders im religiös-politischen Widerstand geformte Sonettsprache versiegte in den Nachkriegsjahren (1947/48). Dem zeitkritischen Autor wollte die klassizistische Jambensprache mit scheidender, richtender, apokalyptischer Intention nicht mehr in den poetischen Satz fließen. Seinen Bewußtseinsbruch mit allen harmonisierenden Reden und Vorstellungen teilte Schneider in den Aufzeichnungen »Winter in Wien« (1958) mit. Marie Luise Kaschnitz hat die Schwierigkeit poetischen Weitersprechens in der Literatursprache des hohen Tons in ihrem »Tutzinger Gedichtkreis« 1951 thematisiert. Idealische Überhöhung, mythisierende Einfühlung, harmonisierende Klänge konnten die konkret und historisch anzuschauende Wirklichkeit nicht mehr bezeichnen. Kaschnitz: »Die Sprache, die einmal ausschwang, Dich zu loben, / Zieht sich zusammen, singt nicht mehr. / In unserem Essigmund … // Und dennoch wirst Du fordern, daß wir Dich / Beweisen unaufhörlich, so wie wir sind / In diesem armen Gewande, mit diesen glanzlosen Augen.« Gottfried Benn, Pastorensohn, aufgewachsen aber mit Nietzsche und Darwin, Überlebender zweier Weltkriege, konnte keine Psalmen mehr singen. In dem Gedicht »Verlorenes Ich« (geschrieben in den Kriegsjahren) erinnerte er eine mythische Ganzheit früherer Zeiten, die das Bewußtsein der Menschen barg. Seinem in den modernen Nihilismus gedrängten intellektuellen Ich war die mögliche Beziehung auf eine göttliche Mitte entschwunden. »Sela, Psalmenende« spricht zweimal Benns lyrischer Sprecher im Gedicht »Teils – Teils« (erstgedruckt 1954). »Sela«, eine musikalische Angabe in den hebräischen Psalmen, forderte die Gemeinde zu gläubig jubelnder Zustimmung auf. Die Ungleichheit des Gleichzeitigen spricht aus Österreich. Thomas Bernhards psalmistische Verse, die Urklagen des Leidenstieres Christine Lavant passen nicht in die Tradition der von Brecht und Benn ausgesprochenen Absagen an Transzendenz, auch nicht in die von der »Gruppe 47« forcierte Beschreibungsliteratur der fünfziger Jahre. Da blieb Georg Trakl noch nahe, eine altösterreichische Zeit-Ewigkeit-Spannung im Bewußtsein. Der junge Handke widersprach dem Alleingültigkeitsanspruch der »Beschreibungsliteratur« in Princeton (1966).

Seit den mittleren sechziger Jahren besprechen junge deutsche Autoren ihre Welterfahrung in parodistischer Werbesprache, in Songs und parlierenden Protesttexten. Gegen bürgerlichen Besitzanspruch richtete sich lustvoller Pop, gegen ideologische Besitzstände politische Agitation. Die Kinder von »*Marx und Coca-Cola*« – so hieß eine Lyrikanthologie junger Autoren 1971 – sangen keine Psalmen mehr. Für die Autoren der 68er Jahre hatten Marx und Mao die Bibeln verfaßt. – Dennoch wurden in Romanen von Martin Walser, Karin Struck, Gabriele Wohmann auch in jenen Jahren Psalmverse geschrieben und gesprochen.

Nach Neuorientierungen des Sprechens fand psalmistische Rede in Verstexten christlich geprägter Autoren neuen Ausdruck. Wir nennen Kurt Marti, Rudolf Otto Wiemer, Kurtmartin Magiera, Arnim Juhre, Ernst Eggimann, Wilhelm Willms, Eva Zeller, Dorothee Sölle. Sie schrieben seit den sechziger Jahren. Der Zürcher Marti nahm konkretistische Spracharbeit auf, der rheinische Willms den jugendnahen Popton, Eva Zeller setzte die Luthersprache in Beziehung zu heutigem Bewußtsein. Unter dem Titel »Zerschneide den Stacheldraht« erschienen 1967 die Lateinamerikanischen Psalmen des nicaraguanischen Priesterdichters Ernesto Cardenal. Diese gesellschaftskritischen Verse, die das Somoza-Regime angriffen und im Namen des befreienden Gottes zu politischer Befreiung aufriefen, beeinflußten das deutschsprachig religiöse Gedicht, in Köln die Autoren des »Politischen Nachtgebets«, vorab Dorothee Sölle in ihren politisch und feministisch kämpferischen Verstexten. Politischer Impuls spricht aus Psalmtexten Arnim Juhres. Cardenals politische Psalmrede hat den Schweizer Kurt Marti in seinen Nachachtundsechziger-»Leichenreden« beeinflußt. Außerhalb des kirchlichen Raumes sind aus dem Gebiet der ehemaligen DDR bis jetzt nur wenige Psalmtexte bekannt geworden. Psalmistische Texte schrieben Peter Huchel, Günter Kunert, Bernd Jentzsch, Günter Ullmann.

Politische Impulse äußerten sich in deutscher Sprache nur selten psalmistisch. Politische Rede bevorzugt andere literarische Gattungen. Insgesamt überwiegt in den Psalmtexten auch dieses Jahrhunderts der Individualpsalm. Gesellschaftliche Verhältnisse auf Gott, gesellschaftliche Rechte auf göttliche Offenbarung zu beziehen, ist in deutschen Landen seit den Bauernkriegen offenbar schwierig. Wollen sich gesellschaftliche Verhältnisse nach der Aufklärung überhaupt noch auf einen göttlichen Horizont, auf göttliche Gerechtigkeit beziehen lassen?

Überraschend wurde seit den achtziger Jahren in ganz anderen literarischen Kontexten das Aufmerken auf psalmistische Rede vernehmbar. In seinen Aufzeichnungen und Prosatexten gebraucht Peter Handke wiederholt das Wort »Psalmen«: »Ich wollte nach den Psalmen greifen, und dachte dann: ›Die reden wieder Gott an, statt die Menschen‹« (»Phantasien der Wiederholung«, 1983). Der Schreibende selbst und der zum Schreiben Gehende vergleicht sich mit dem »Psalmisten«. Das »Gedicht an die Dauer« (1986) darf geradezu als weltlicher Psalm gelesen werden. Die Pop-Sänger in Handkes »Versuch über die Jukebox« (1990) singen im Grunde »Psalmen«. Der Autor sinniert im »Versuch über den geglückten Tag« (1991), ob »der Idee« eines geglückten Tages »statt eines Versuchs, eher Psalmenform entspräche…«. Im Roman »Die Niemandsbucht« (1994) erinnert Handkes Ich-Erzähler Kobal »Litaneien und Psalmensingen« aus dem Kärntner Heimatdorf. Er setzt die Psalmen mit der »Odyssee« und dem Klang der »Glocken der Auferstehung« gleich. Jedesmal eine anvisierte religiös-mythische Ganzheit, auratische Präsenz, poetische Verheißung. Wieder und wieder öffnet das Bewußtsein des Autors auratisch eine psalmistische Zeit, den psalmistisch auratischen Raum, eine psalmistisch göttliche Gegenwart. – Gänzlich unabhängig von dem katholisch aufgewachsenen Handke, ein Jahr nach dessen aphoristischen Aufzeichnungen der »Phantasien«, hat Botho Strauß das in Zeit und Raum ausgreifende psalmistische Langgedicht »Diese Erinnerung an einen, der nur einen Tag zu Gast war« (1984) geschrieben. Auch dieses Gedicht vergegenwärtigt autobiographische Erfahrungen. Am Ende nennt das spirituelle Gedicht als Anreger Pascal und »Die Weisheit Salomos«.

Aus ihr zitiert Strauß: »Denn die Hoffnung des Gottlosen ist wie Staub, vom Winde zerstreut ...« Das ist psalmistischer tonus rectus.

Die jüdischen Psalmisten deutscher Zunge sind tot. Aber gegen Ende des Jahrhunderts werden – unbemerkt von literarischen Vorrednern und kirchlichen Repräsentanten – viele Psalmen geschrieben, mehr als an dessen Anfang. Und am Anfang dieses religiös oft denunzierten Jahrhunderts wurden mehr psalmistische Texte geschrieben als in der ganzen Literatur des neunzehnten Jahrhunderts. Psalmistische Rede ist in den jüngsten Jahrzehnten nicht verstummt. Nach den Ab- und Umbrüchen der Aufklärung, unter den Schalmeien der je neuen Zeitbläser, vor und nach den Katastrophen des Jahrhunderts, unter den Gong- und Peitschenschlägen der Zeit sprechen literarische Autoren Psalmen. Kritisches Bewußtsein hält die Zeit dem psalmistischen Lebensgott offen. Gerade bei wiederholt der Innerlichkeit bezichtigten Autoren wie Peter Handke und Botho Strauß ruft eine gesellschaftskritische Stimme in die sich immer materialistischer orientierende Gesellschaft, die ihre Transzendenzbeziehung aufgeben will.

Bricht die mystische Urbegabung des Bewußtseins in der sich selbst reflektierenden Moderne neu auf? Ein durch die Phasen der Aufklärung gegangenes Bewußtsein befreit sich aus der Sackgasse fortschreitender Sinnlosigkeit. Transzendierendes Bewußtsein wird gesucht, nicht dumpfes, sondern ein anders kritisches, den Tag erhellendes, die Flucht aufhebendes mystisches Bewußtsein (schon bei Robert Musil, jüngst bei Peter Sloterdijk, ausdrücklich bei Peter Handke) erkundet. Göttliches, bei christlich orientierten Autoren der Gott, der Leben schafft und als präsent erinnert sein will, wird beziehungsvoll angesprochen. Eine erahnbare Präsenz wird erfahren. Der dem Menschen zugängliche Welthorizont wird im Du Gottes anvisiert. Gegen die Lärmwelt hören literarische Sprecher nach innen. Gegen produzierte (früher propagierte) Vergeßlichkeit erinnern sie Überlieferungen der Offenbarung. Gegen privatistisches Desinteresse erkennen Menschen die zu verantwortende Zeit und ihre Mitnatur. Psalmistische Sprecher nehmen Göttliches als Nähe, Anruf, Ermutigung wahr.

2

Der Psalm ist eine Redeform, mit der die menschliche Sprache in Richtung Gott transzendiert. Das deutsche Wort »Psalm« kommt aus dem Griechischen. In der Septuaginta-Übersetzung des Alten Testaments gibt das griechische Wort »psalmos« das hebräische »mizmôr« wieder. Es bedeutet das Zupfen des Psalterions und das durch das Saiteninstrument begleitete Lied. Aussage, Sprechabsicht, Adressat waren durch den jüdisch-monotheistischen Bundesglauben an den Jahwegott bestimmt. Als religiöse Hymnen und Gebete waren Psalmen in der altorientalischen Umwelt nichts Einmaliges. Auch in benachbarten Religionen wurden die Götter, der Gott in vergleichbarer Rede angesprochen. Wer im »Ägyptischen Totenbuch« liest, notiert Ähnlichkeiten mit den hebräischen Psalmen:

Heil dir, Gott, du großer, der Wahrheit Gerechtigkeit
*   Meister,*
Du mächtiger Herrscher! Nun tret ich vor dich!
Laß deine strahlende Schönheit mich schauen ...
O du geistig Wesen, das du mit großen Schritten vorrückst
Und in Heliopolis auftauchst, erhöre mich!
Ich habe nie als Gottloser gehandelt!

(Das ägyptische Totenbuch. Übersetzt und kommentiert von Gregoire Kolpaktchy. München 1970)

Viele dieser im siebten und sechsten vorchristlichen Jahrhundert gesammelten Texte sind in ihren Ursprüngen älter als manche hebräische Psalmen. Aber nirgendwo im orientalischen Umkreis trug psalmistische Rede so umfassend, intentional gebündelt und eindringlich ein kollektiv gesetzliches, völkisches, geschichtliches, kultisches und individuell persönliches Bewußtsein vor den Lebensgott wie in Israel. Die Psalmen sind als Gebete und Lieder dialogisch gerichtet. Gerhard von Rad betont in seiner »Theologie des Alten Testaments«, daß *die Psalmen Israels Antwort* auf das weisende und waltende Wort seines Bundesgottes Jahwe sind. Das psalmistische Sprechen setzt voraus, was wir »Offenbarung« nennen. In fortwährender Psalmenrede antworten Menschen auf die während Präsenz ihres Bundes- und Lebensgottes. Je stärker das individuelle Bewußtsein einzelner Sprecher sich entwickelte, desto mehr formulieren sie durch die kollektiven Erinnerungen des Volkes hindurch persönliche Erfahrungen des Schmerzes, Vertrauens, der Erwartung und Freude, bittender Hoffnung.

In den deutschen Psalmen steht seit Anfang des Jahrhunderts das persönlich-individuelle Bewußtsein im Vordergrund. In einer Gesellschaft, die sich als ganze nicht mehr auf Gott beziehen will (oder kann), ist das nicht verwunderlich. Aber aus dem individuellen Bewußtsein spricht das Bewußtsein der Zeit. Manche der jüdischen wie der christlich geprägten Sprecher behielten den heilsgeschichtlichen Horizont im Blick. Entschieden tat das Reinhold Schneider. Auf die öffentliche Zeit als gemeinsame Heils- oder Unheilserfahrung beziehen sich moderne Autoren selten. – War das Kriegsende von 1945 als Katastrophe auch Strafe Gottes, als Befreiung von der Diktatur jedoch Heilsereignis? Ist das schrittweise Erkennen und Bekennen von Schuld an der Ermordung jüdischer Menschen ein nicht nur gesellschaftlicher, sondern auch religiöser Vorgang? – Durch alle Generationen angesprochen werden kollektiv erfahrene Bedrohungen, die Kriege des Jahrhunderts, kollektiv täterische, von der Öffentlichkeit mit zu verantwortende Morde, nicht zuletzt der das Bewußtsein immer mehr untergrabende Sinn-verlust (Günter Kunert). Das Vertrauen auf den Gott der Ge-schichte ist verdunkelt, Vertrauen auf den persönlichen Helfer- und Schützergott oft nur in der Klage präsent (Tho-mas Bernhard, Christine Lavant). In den zwanziger Jahren feierten Gertrud von Le Forts Hymnen die mystische Prä-senz des kirchlich verkündeten Gottes. Noch in Elisabeth Langgässers Roman »Das unauslöschliche Siegel« (während und nach dem Zweiten Weltkrieg geschrieben) wird durch eine wirre Lebensgeschichte mystischer Glaube literarisch angestrengt, aber erzählerisch fraglos gegenwärtig. In der zweiten Hälfte des Jahrhunderts muß solcher Glaube auch bei christlichen Autoren durch die Fragen, Brechungen und Kritik des Bewußtseins. Sinnstiftung durch die heilsmysti-sche Kirche, erlösendes Bewußtsein durch den »unauslösch-lichen Charakter« wird so direkt nicht mehr bezeugt.

Glaube und Vernunft sind seit der Neuzeit von Genera-tion zu Generation auseinander getreten. Indes ist denk-bar, daß Denkende des einundzwanzigsten Jahrhunderts in Sachen Vernunft und Glaube eine andere Sprache sprechen werden, daß sie der Vernunft eine andere Freiheit des Bewußtseins öffnen. Vieles sieht danach aus, daß kommende Generationen die Instrumentalisierung der Vernunft, die vom Glauben an das Absolute dispensiert, überwinden wer-den. Nur noch schwer wird sich eine materialistische Ver-nunft, die vom Glauben an eine absolute Instanz befreit, als »legitimer Ausdruck« der Moderne präsentieren können. Diese »Vernunft« hat ihre Götzenfratze gezeigt. Kommende Generationen werden sich weder mit heroischen noch mit poetischen Gesten des »Absurden« zufrieden geben. Sie werden sich der Sinnfrage und dem Anspruch einer abso-luten Moral stellen. Auf der Gegenseite formieren sich die neuen Fundamentalisten, totalitär gesinnt, in Hinterhöfen, auf Mauern und Plätzen.

Wer die psalmistischen Texte dieses Jahrhunderts liest, sollte den Kontext mitlesen, die vorgegebene Gesellschaft, die Vereinzelung und Selbstbehauptung der Sprecher, ihre Ichbegründung und ihren nach mehreren Seiten gerichteten Widerstand. Auch der moderne psalmistische Sprecher glaubt, sucht, bindet Gott in sein Wort ein. Er setzt sein ganzes Bewußtsein in Beziehung zu dem unendlichen Du. Gott konnte und kann zu jeder Zeit (frei nach Hölderlin) verschieden gewandet auftreten. Er kann in jedem Jahrhundert auch unbiblisch und unkirchlich erscheinen. Ungeborgen in völkischer Tradition (kein Bundesgott erfahrbar), außerhalb kollektiver Übereinstimmung (keine geschlossene Gesellschaft), verletzt durch frühe soziale Abrichtung, durch kirchliche Praxis und auch doktrinäre Lehre, muß sich der Einzelne oft auf einen langen Weg zu Gott machen. Das wird zu Anfang des Jahrhunderts bei so unterschiedlichen Autoren wie Rainer Maria Rilke und Hermann Hesse, beide christlich unterwiesen, sichtbar. Später kommen die großen Fragen. Wo bist du, Gott, wenn die Naturwissenschaft dir keinen Platz mehr läßt in ihrem Weltbild (Gottfried Benn)? Wo warst du im Krieg? Wo, wie – und wie nicht – sprach deine dem Staat verhaftete Kirche im Morden des Weltkrieges (Kurt Tucholsky)? Wo warst du in Hitlers Krieg, als Stalingrad geschah (Wolfgang Borchert), die zu Unmenschen Erklärten in Auschwitz gemordet wurden (Nelly Sachs, Paul Celan, Elie Wiesel)?

Die psalmistischen Sprecher dieses Jahrhunderts sprechen nur selten im Namen einer Gemeinde (ausdrücklich Gertrud von Le Fort). Einige nehmen historische Ereignisse und gesellschaftliche Verhältnisse auf. Eine direkt gesellschaftskritische Intention ist erkennbar bei Tucholsky, Sölle, Marti, Kowalczyk, auch bei R. Schneider, Huchel, Juhre. Gesellschaftskritische Autoren glauben, die Gesellschaft und soziale Gruppen verändern zu müssen. Die meisten Psalmisten versuchen auch heute, diese schöne, schmerzlich zudringliche Welt auszuhalten. Einigen gelingt es, trotz böser Erfahrungen den angeschauten Schöpfer, trotz ungelöster Fragen den unangeschauten Gott des Lebens zu loben. Sie können und wollen die wahrnehmenden Sinne und die urteilende Vernunft nicht von ihrem Glaubensbewußtsein entbinden. Mancher Autor spricht psalmistisch, ohne den Adressaten beim Namen zu nennen. Augenzwinkernd spricht Enzensberger den Namen des »Empfängers« seines schönen Dankpsalms nicht aus. Aber die Rezensenten von Hamburg bis München haben ihn erkannt. Handkes »Gedicht an die Dauer« (wir entnahmen einen Auszug) ist zu lesen nicht nur mit Blick auf Henri Bergson, sondern auch gegen den Hintergrund der psalmistischen Vergänglichkeitsklagen (Ps 89/90), will man den transzendierenden Impuls des Sprechens erkennen.

Bei modernen Texten spielt die Befindlichkeit des eigenen Bewußtseins eine zentrale Rolle. Durch die biblischen Psalmen zieht die objektivierende Zwei-Wege-Lehre: der gesegnete Weg der Gerechten – der ins Verderben führende der Gottlosen. Die eindeutige Verhaltensregel (Tora-Regel) ist in modernen Psalmen in den Hintergrund getreten. Gottesverdunkelung, Gottfragen, Bewußtseinserkundung und Bewußtseinszweifel bedrängen die Sprecher. Nicht wenige hat das Bewußtsein der Ortlosigkeit, Weglosigkeit, der individuellen Nichtigkeit befallen. Trotz erfahrener Abwesenheit Gottes wurde seine Gegenwart erfahren, bei aller Ferne Nähe, bei aller Klage Sprache für vertrauende Anrede. Die hier versammelten Psalmtexte sind ein Dokument des literarischen und religiösen Geistes im zwanzigsten Jahrhundert.

AUTOREN UND TEXTE

Ach, Manfred (geb. 1946): Dein Wort wird alles neu machen. Aus: Gefährlich ist der bunte Rock. 40 Gedichte. © Hagen-Verlag, München 1990.

Ausländer, Rose (1901–1988):
- Aber rebellisch. Aus: dies., Im Aschenregen die Spur deines Namens (GA Bd. 4, S. 108). © S. Fischer Verlag GmbH, Frankfurt a. M. 1984.
- Erbarme dich … / Gott / Schöpfer aller Dinge … Aus: dies., Und preise die kühlende Liebe der Luft (GA Bd. 7, S. 107, S. 124). © S. Fischer Verlag GmbH, Frankfurt a. M. 1988.
- Mit Fragen. Aus: dies., Hügel aus Äther unwiderruflich (GA Bd. 3, S. 25). © S. Fischer Verlag GmbH, Frankfurt a. M. 1984.
- Mysterium / Preisen. Aus: dies., Wieder ein Tag aus Glut und Wind (GA Bd. 6, S. 107, S. 106). © S. Fischer Verlag GmbH, Frankfurt a. M. 1986.
- Respekt. Aus: dies., Ich höre das Herz des Oleanders (GA Bd. 5, S. 41). © S. Fischer Verlag GmbH, Frankfurt a. M. 1984.

Bachl, Gottfried (geb. 1932): Wasserpsalmen. © Autor.

Bachmann, Ingeborg (1926–1973): Psalm. Aus: dies., Werke, Bd. 1. © Piper Verlag GmbH, München 1978.

Benn, Gottfried (1886–1956): Teils – Teils. Aus: ders., Sämtliche Gedichte. © Klett-Cotta, Stuttgart 1998.

Buhl, Joseph (geb. 1948): Es fuhr einer vor. © Autor.

Busta, Christine (1915–1987): Schneepsalm. Aus: dies., Wenn du das Wappen der Liebe malst. © Otto Müller Verlag, Salzburg 1995, 3. Aufl.

Celan, Paul (1920–1970): Einmal. Aus: ders., Atemwende. © Suhrkamp Verlag, Frankfurt a. M. 1967. (Gesammelte Werke in 5 Bänden, 1983).

Celan, Paul: Tenebrae. Aus: ders., Sprachgitter. © S. Fischer Verlag GmbH, Frankfurt a. M. 1959.

Dürrenmatt, Friedrich (1921–1990): Schweizerpsalm III. Aus: ders., Das Gesamtwerk (Politik: Essays, Gedichte und Reden). © 1986 Diogenes Verlag AG, Zürich.

Enzensberger, Hans Magnus (geb. 1929): Empfänger unbekannt. Aus: ders., Kiosk. © Suhrkamp Verlag, Frankfurt a. M. 1995.

Exner, Richard (geb. 1929): Frage. Aus: ders., Gedichte 1953–1991. © 1994 by Radius-Verlag, Stuttgart.

Handke, Peter (geb. 1942): Diese Dauer, was war sie? Aus: ders., Gedicht an die Dauer. © Suhrkamp Verlag, Frankfurt a. M. 1986.

Hesse, Hermann (1877–1962): Der Einsame an Gott / Gebet. Aus: ders., Die Gedichte. © Suhrkamp Verlag, Frankfurt a. M. 1977.

Huchel, Peter (1903–1981): Winterpsalm. Aus: ders., Chausseen Chausseen. © S. Fischer Verlag GmbH, Frankfurt a. M. 1963.

Jentzsch, Bernd (geb. 1940): Stoßgebet. Aus: ders., Quartiermachen. Gedichte. © 1978 Carl Hanser Verlag München – Wien.

Juhre, Arnim (geb. 1925): Was ist besser als Leben. Psalm 63. Aus: ders., Die Ungeborenen schlagen Alarm. Gedichte, Psalmen, Lieder. © Strube Verlag, München 2003.

Kaschnitz, Marie Luise (1901–1974): Das alte Thema. Aus: dies., Kein Zauberspruch. © Insel Verlag, Frankfurt 1972.

Kaschnitz, Marie Luise: Tutzinger Gedichtkreis. Aus: dies., Überall nie. Ausgewählte Gedichte 1928–1965. Claassen Verlag. © Ullstein Heyne List GmbH & Co. KG, München.

Kolmar, Gertrud (1894–1943): Gebet. Aus: dies., Das lyrische Werk. Kösel Verlag, München 1960. Rechte beim Suhrkamp Verlag, Frankfurt a. M.

Kurz, Paul Konrad (geb. 1927): Magnifikat. © Autor.

Lasker-Schüler, Else (1869–1945): Gott hör ... / Zebaoth / An Gott. Aus: Werke und Briefe. Kritische Ausgabe Bd. I.I., bearbeitet von Karl Jürgen Skrodzki unter Mitarbeit von Norbert Oellers. © Jüdischer Verlag im Suhrkamp Verlag, Frankfurt a. M. 1996.

Lavant, Christine (1915–1973): Hören, hören! Aus: dies., Die Bettlerschale. © Otto Müller Verlag, Salzburg 1956.

Loerke, Oskar (1884–1941): Gebetsfrage. Aus: ders., Die Gedichte. © Suhrkamp Verlag, Frankfurt a. M. 1958.

Malkowski, Rainer (geb. 1939): Das Licht. Aus: ders., Ein Tag für Impressionisten und andere Gedichte. © Suhrkamp Verlag, Frankfurt a. M. 1994.

Marti, Kurt (geb. 1912): Weihnachtspsalm / Preisungen (2. Fassung). Aus: ders., Der Traum, geboren zu sein. Ausgewählte Gedichte. © 2003 Nagel & Kimche im Carl Hanser Verlag, München – Wien.

Mayröcker, Friederike (geb. 1924): Rhapsodie. Aus: dies., Ausgewählte Gedichte. © Suhrkamp Verlag, Frankfurt a. M. 1979.

Nick, Dagmar (geb. 1926): Dankgebet. © Autorin.

Rilke, Rainer Maria (1875–1926): Die Dichter haben dich verstreut / Du bist so groß / Ich bete wieder, du Erlauchter. Aus: Das Stundenbuch. © Insel Verlag, Leipzig 1905.

Rothmann, Ralph (geb. 1953): Psalm Meier. Aus: ders., Gebet in Ruinen. © Suhrkamp Verlag, Frankfurt a. M. 2000.

Sachs, Nelly (1891–1979): Chor der unsichtbaren Dinge / Halleluja. Aus: dies., Fahrt ins Staublose in: Die Gedichte der Nelly Sachs (Bd. 1). © Suhrkamp Verlag, Frankfurt a. M. 1961.

Sachs, Nelly: Zwei Gedichte aus: Glühende Rätsel in: Suche nach Lebenden. Die Gedichte der Nelly Sachs (Bd. 2). © Suhrkamp Verlag, Frankfurt a. M. 1971.

Schneider, Reinhold (1903–1958): So nimm mein Leben. Aus: ders., Gesammelte Werke, Bd. 5. © Insel Verlag, Frankfurt 1972.

Schönberg, Arnold (1874–1951): Psalm No. I / Ein moderner Psalm, No. 2. Aus: Moderne Psalmen. © mit Genehmigung des Verlages SCHOTT MUSIK INTERNATIONAL, Mainz.

Schröder, Rudolf Alexander (1878–1962): Der fünfundfünfzigste Psalm. Aus: ders., Geistliche Gedichte. © Suhrkamp Verlag, Berlin und Frankfurt 1949.

Sölle, Dorothee (1929–2003): Gib mir die gabe der tränen gott / Warum ich gott so selten lobe. Aus: dies., Fliegen lernen. © Wolfgang Fietkau Verlag, Kleinmachnow.

Steinherr, Ludwig (geb. 1962): Die Antwort. Aus: ders., Fluganweisung. © 1985 Schneekluth Verlag GmbH, München.

Strauß, Botho (geb. 1944): Ruhe ist nirgends im All … Aus: ders., Diese Erinnerung an einen, der nur einen Tag zu Gast war. © 1985 Carl Hanser Verlag, München–Wien.

Thoor, Jesse (1905–1952): Rede in einem Gefängnis. Aus: ders., Gedichte. © Suhrkamp Verlag, Frankfurt a. M. 1975.

Thümler, Walter (geb. 1955): Either – Or. Aus: ders., Schmaler Streifen Fruchtland. Oberbaum Verlag, Berlin 1988. © Autor.

Trakl, Georg (1887–1914): De profundis. Aus: ders., Die Dichtungen – Kurt Wolff Verlag, Leipzig 1919. Dichtungen und Briefe – Otto Müller Verlag, Salzburg 1990.

Tucholsky, Kurt (1890–1935): Gebet nach dem Schlachten. Aus: ders., Gesammelte Werke. © 1960 by Rowohlt Verlag GmbH, Reinbek bei Hamburg.

Walter, Silja (Sr. Maria Hedwig OSB, geb. 1919): Zerstreuung II. / Credo. Aus: dies., Die Fähre legt sich hin am Strand. Ein Lesebuch. Hg. v. Klara Obermüller. © 1950, 1999 by Arche Verlag AG, Zürich – Hamburg.

Walter, Silja: Nie war einer allein vor dir. © Autorin.

Wecker, Konstantin (geb. 1947): Lieber Gott. © Autor.

Werfel, Franz (1890–1945): Aus meiner Tiefe / Warum mein Gott. Aus: ders., Gesammelte Werke. Das lyrische Werk, hg. von Adolf D. Klarmann. © S. Fischer Verlag GmbH, Frankfurt a. M. 1967.

Wiemer, Rudolf Otto (1905–1998): Dich loben im Abfall (2. Fassung). Aus: ders., Wortwechsel. © Wolfgang Fietkau Verlag, Kleinmachnow.

Willms, Wilhelm (1930–2002): psalm. Aus: ders., roter faden glück. lichtblicke. © 1974 Verlag Butzon & Bercker, Kevelaer, 5. Aufl. 1988, 2.5.

Zeller, Eva (geb. 1923): Winterpsalm / Ein Psalm zu singen / Aber heute. Aus: dies., Ein Stein aus Davids Hirtentasche. © Verlag Herder, Freiburg 1992.